本书为2018年广东省科技厅项目：广东省青
地和2018年韶关市科技局项目：人工智能背景下
究与实践（编号：2018an071）的研究成果。

人工智能背景下机器人发展及其产业应用研究

朱海洋　张　莉　著

北京工业大学出版社

图书在版编目（CIP）数据

人工智能背景下机器人发展及其产业应用研究 / 朱海洋，张莉著． — 北京 ：北京工业大学出版社，2022.1
　ISBN 978-7-5639-8236-3

Ⅰ．①人… Ⅱ．①朱… ②张… Ⅲ．①机器人－产业发展－研究－中国 Ⅳ．①F426.67

中国版本图书馆 CIP 数据核字（2022）第 026898 号

人工智能背景下机器人发展及其产业应用研究
RENGONG ZHINENG BEIJING XIA JIQIREN FAZHAN JI QI CHANYE YINGYONG YANJIU

著　　者：	朱海洋　张　莉
责任编辑：	李俊焕
封面设计：	知更壹点
出版发行：	北京工业大学出版社
	（北京市朝阳区平乐园 100 号　邮编：100124）
	010-67391722（传真）　　bgdcbs@sina.com
经销单位：	全国各地新华书店
承印单位：	三河市腾飞印务有限公司
开　　本：	710 毫米 ×1000 毫米　1/16
印　　张：	11
字　　数：	220 千字
版　　次：	2023 年 4 月第 1 版
印　　次：	2023 年 4 月第 1 次印刷
标准书号：	ISBN 978-7-5639-8236-3
定　　价：	60.00 元

版权所有　　翻印必究

（如发现印装质量问题，请寄本社发行部调换 010-67391106）

前 言

近年来,随着社会经济的飞速发展,人工智能与机器人技术也得到了飞速发展。大部分人对机器人是有一定概念的,但是这种概念更多是通过科幻小说的描写和人们的想象得到的。

人工智能在自动驾驶汽车、医疗、传媒、金融、机器人以及互联网服务等越来越多的领域和场景中得到应用,其影响范围越来越宽广。随着全球范围内机器人产业的迅猛发展,机器人产业迎来大发展时期,智能化成为其未来的升级方向。智能机器人是机器人与人工智能技术、先进制造技术和移动互联网技术融合发展的成果,推动了人类社会生产、生活等方面的变革。

全书共七章。第一章为绪论,主要阐述了机器人的起源、人工智能的定义、人工智能的历史、人工智能的应用领域、人工智能时代带来的影响等方面的内容;第二章为人工智能的生理基础,主要阐述了大脑的结构、人类感知世界的生理结构与功能、人类对高级智慧的理解等方面的内容;第三章为人体行为与智能机器人的研究意义,主要阐述了人体行为、人体行为的仿真、智能机器人的研究意义等方面的内容;第四章为智能机器人的发展,主要阐述了智能机器人的发展概况、智能机器人的现状、智能机器人的发展趋势、智能机器人的应用实例等方面的内容;第五章为智能机器人的技术要素与分类,主要阐述了智能机器人的基本要素、智能机器人关键技术、智能机器人分类等方面的内容;第六章为智能机器人的设计与开发,主要阐述了智能机器人设计的步骤、智能机器人硬件设计与开发、智能机器人软件设计与开发等方面的内容;第七章为智能机器人产业发展与应用,主要阐述了智能机器人产业发展现状、智能机器人产业发展前景、智能机器人产业应用方向等方面的内容。

为了确保研究内容的丰富性和多样性,笔者在写作过程中参考了大量理论与研究文献,在此向涉及的专家学者表示衷心的感谢。

最后,限于笔者水平,加之时间仓促,本书难免存在一些不足之处,在此恳请同行专家和读者朋友批评指正!

目　　录

第一章　绪论 ··· 1
　　第一节　机器人的起源 ··· 1
　　第二节　人工智能的定义 ··· 7
　　第三节　人工智能的历史 ·· 11
　　第四节　人工智能的应用领域 ·· 15
　　第五节　人工智能时代带来的影响 ·· 21

第二章　人工智能的生理基础 ··· 43
　　第一节　大脑的结构 ·· 43
　　第二节　人类感知世界的生理结构与功能 ···································· 46
　　第三节　人类对高级智慧的理解 ·· 56

第三章　人体行为与智能机器人的研究意义 ····································· 60
　　第一节　人体行为 ·· 60
　　第二节　人体行为的仿真 ·· 64
　　第三节　智能机器人的研究意义 ·· 66

第四章　智能机器人的发展 ··· 67
　　第一节　智能机器人的发展概况 ·· 67
　　第二节　智能机器人的现状 ·· 79
　　第三节　智能机器人的发展趋势 ·· 82
　　第四节　智能机器人的应用实例 ·· 86

第五章　智能机器人的技术要素与分类 … 108
第一节　智能机器人的基本要素 … 108
第二节　智能机器人关键技术 … 109
第三节　智能机器人分类 … 137

第六章　智能机器人的设计与开发 … 140
第一节　智能机器人设计的步骤 … 140
第二节　智能机器人硬件设计与开发 … 146
第三节　智能机器人软件设计与开发 … 155

第七章　智能机器人产业发展与应用 … 158
第一节　智能机器人产业发展现状 … 158
第二节　智能机器人产业发展前景 … 162
第三节　智能机器人产业应用方向 … 164

参考文献 … 169

第一章 绪　论

随着人工智能技术的飞速发展，人类的体力和智力得到极大的解放，同时也为在人工智能时代实现美好生活创造了有利条件。人工智能广泛渗透到人们生活的经济、政治、文化、社会和生态发展的各个领域，助推着人类追求更加美好的生活。本章分为机器人的起源、人工智能的定义、人工智能的历史、人工智能的应用领域和人工智能时代带来的影响五部分，主要包括机器人的发展历程、类人行为、类人思维、理性思维、理性行为、服务领域、发展难题等方面的内容。

第一节　机器人的起源

机器人的诞生可追溯到美丽的神话，它先后经历了从古代的神话幻想到此后数千年间艰苦的探索、设计和试验的漫长道路。自古以来，幻想就是人类创造力的源泉，从人类最早的发明到当今的人间奇迹无不如此。人们在同各种自然灾害和凶恶敌人长期斗争的过程中，渴望着有一位力大无穷的"超人"来帮助自己战胜困难、创造幸福，传说中的神话和幻想中的英雄故事始终都在激励着人类创造丰功伟绩。古代冶金大师手下"金属超人"那刀枪不入的神话充分说明了当时人们对美好未来的无限憧憬。

一、"木牛流马"的启示

《三国演义》是我国著名的古典名著之一。凡是看过《三国演义》的人都不会忘记诸葛亮和司马懿斗智时，蜀军遭到魏军围困，陷入粮草接济不上的危难境地，为解粮草之急，诸葛亮巧用"木牛流马"之计，终于摆脱了困境。书中对木牛流马有过相当精彩的描述，这里不用赘述，但说起木牛流马的大致形象和功能，却叫后人叹服不已。

木牛流马除了形如真牛和真马并主要由木料制成之外，还有非凡的功能，即当用木牛流马运送粮草时，"人不大劳，牛马不食"。司马懿自以为大军压境，铁桶一般的围困完全可以把蜀军困在山上饿死，但后来发现，蜀军不知用什么法术，居然驱赶着大批似牛似马的东西，在崇山峻岭的羊肠小道上行走如飞，来回驮运粮草等急需物品。司马懿十分惊奇，急忙派兵袭击蜀军运粮队并截获了数匹木牛流马，但不知蜀军运粮兵在逃离之前对木牛流马做了什么手脚，这些被捕获的木牛流马"坚贞不屈"，拒不执行魏军的指挥，站在原地一动不动，任凭魏军兵士使出浑身解数，就是不能令这些木牛流马挪动半步。正在这时，蜀军重新冲杀过来大败魏军，然后在这些木牛流马口中转动其舌头几下，再动其他几处秘密"消息儿"，这些木牛流马立时"精神大振"，一溜儿小跑地驮着粮食跑回了蜀军大营。

不管是诸葛亮的智慧，还是作者罗贯中的著述，木牛流马都实实在在是一种木制机器。令人惊奇的是，这些木制机器个个如活的一般。它们虽然不是仿人，而是仿牛和马，但其步履却比人更加刚劲有力，能够携带前线急需的粮草和武器，能够协助蜀军运输兵完成在当时的艰难条件下人们难以承担的运输任务。更为难能可贵的是，这些木牛流马都是受士兵们控制的木制机器，而这些士兵又必须经由木牛流马的设计和制作人员的专门训练，在掌握了一定的操纵技巧后，才能驱使它们去完成那些需要承担的任务。木牛流马的舌部和身体其他部位的几处秘密"消息儿"是控制它们前进后退或停滞不前的关键所在。如果说当时的木牛流马不管是属于"机器牛"还是"机器马"，其只是一种能够代替人完成一定运输任务的机器，那么，我国古代亦不乏许许多多关于机器人的记载，它们反映出我国古代人民早就萌发了对智能机器人的"猜想"和企望，以及应用前景的巧妙构思。

中国古代书籍《列子·汤问篇》中记述了一个由能工巧匠制作的"机器艺人"的故事。传说有一位名叫偃师的工匠，非常善于制作活动木偶。有一天，他向当时周武成王的玄孙周穆王献上一个"歌舞艺人"。周穆王让该艺人给他和众姬妾表演技艺。只见偃师手指一点该艺人的面颊，该艺人立即高唱一曲。偃师再拾起艺人的双手轻轻一动，艺人马上开始跳舞，其舞姿之优美、动作之潇洒，使周穆王喜上眉梢，令众佳丽如痴如狂。尽管偃师在表演前曾禀告过周穆王这个艺人并非拥有血肉之躯的活人，但是当表演快要结束时，那位"美男子"艺人却突然朝众姬妾飞去媚眼，尚未收回笑容的周穆王立即醋意大发，横眉怒喝"艺人"绝非木偶，定为邪恶浪人，下令殿前武士将偃师及艺人推出斩首。偃师眼见大祸临头，连忙将该艺人推倒后剖腹拆身，掏出艺人的"五脏六腑"，果然是木头制成，周穆王这才息怒，下令免去偃师的死罪。偃师将心、肺、肝、脾和胃重新装好，艺人又重新"活"了起来。周穆王见了不禁连声赞叹。

二、自动偶人——安德罗丁

在欧洲，曾经流行一种自动偶人，名叫"安德罗丁"，这个词在希腊文中就是"像人"的意思。18世纪，瑞士有个很有名的钟表匠皮埃尔·德罗，他和儿子花了四年的时间制造出三个"安德罗丁"：第一个是抄写员凯利，它可以用鹅毛笔蘸上墨水后，写下一个长句子；第二个是画家亨利，它能画四幅画；第三个是女音乐家莉莉，它在演奏时眼睛会随手指变化而转动，能演奏五首乐曲。几乎在同一年代，俄国有一位举世闻名的机械大师库里宾，制造了一个"卵形钟"，它由427个零件组成，是当时最复杂的一种自动化机械装置。每到整点，这个奇妙的小钟就会有一系列的动作：它首先是打开两扇小门，出现一位天使，这时守卫的士兵会伏地迎接；半分钟后，又出来两个女人，同时，响起报时声，并奏起教堂的音乐；报时钟声停止后，两扇小门会自动关上。1893年，加拿大人摩尔制造了一台利用蒸气驱动行走的自动偶人。

这些巧妙的设计与精心的制作，的确都已达到了相当高的水平，但是它们的动作都是靠机械设定与转动的。它们一经制作完成，就有了固定的动作模式，要改变它们的动作，必须制作新的机械零件，进行新的安装与调试。

由于受当时科学技术水平的限制，这些成果未能走进人们的生活，为人类服务。与之同时出现的文学创作包括科幻小说也对"机器人"进行了构想和描写，引导人们畅想未来。

三、Robot 的由来

1920年，捷克的剧作家卡维尔·查佩克在剧作《罗萨姆万能机器人》中，首先提到"Robot"——机器人这个词。也就是说，在机器人问世之前，它的名字就起好了。

据说，机器人取名叫"Robot"，还有一个小故事。查佩克在写科幻剧本前，已经想好了一个词，叫"Iabor"，这是拉丁文"劳动、工作"的意思。但是，查佩克觉得这个名字太一般。当时，他的兄弟正在画画，就随口说了一句："那就叫它们 Robotnik 好了。"

捷克语"Robotnik"是指奴隶、仆人或那些被迫服侍别人的人。后来各个国家翻译这个词时都用了捷克语的音译。在我国，为了更加明确它的内在含义，便把它翻译成了"机器人"。

这部科幻剧讲述了第一次世界大战后工厂向自动化发展的情景。在工厂里，可以很快地制造出机器人，作为一种廉价的劳动力，它取代了工厂中工人的位置。可随着两者矛盾的激化，机器人发动叛乱，造了它们的主人——人类的反。机器人为了自己生命的延续，逼迫人类对机器人进行解剖，以获取制造机器人的方法。当人类被迫要解剖机器人时，却面临着一对互相爱恋的机器人，它们都乐于为对方做出牺牲，这使人类感到了爱情、正义和希望所在。

四、机器人的发展历程

机器人是多学科技术综合的产物，它不像有些产品经历孕育、成长、成熟到衰亡的过程，而是将随着人类的进步、发展而不断完善。机器人的发展经历了以下几个时期。

（一）技术准备期

从1954年美国工程师乔治·大卫发表的《适用重复作业的通用性工业机器人》的论文开始，到1959年美国联合控制公司排出第一台机器人"尤尼梅特"为止。

（二）产业孕育期

从第一台机器人诞生开始，到能进行小批量生产结束。美国从1959年开始到1974年，历经15年，已拥有1200台机器人，主要满足汽车工业的需求。日本在1967年从美国引进机器人，与美国签订了国际性合作协议。1969年，日本试制出全部国产的第一台机器人"川崎尤尼梅特"。当时，日本劳动力严重短缺，这大大促进了机器人的发展。到1973年，日本的机器人产量已达2500台。苏联于1963年研制出了第一台工业机器人，1972年起将机器人研制纳入国家计划，其科学院及部属研究所负责基础理论和基础技术，生产部门负责生产以及应用推广。联邦德国在20世纪60年代末引进机器人。1970年联邦德国第一批工业机器人诞生。这些机器人主要应用在对人有危险或有害的岗位上。

（三）产业形成期

从1974年到1980年为机器人产业形成期。这一时期的明显特点是生产企业成熟，开始进入机器人批量生产阶段，并初步形成市场。当时美国由于消费水平的提高，市场需要大量高质量的产品。于是，工人工时成本上升，达到每小时14美元，而工业机器人的成本仅每小时4～6美元，这显然刺激了机器人产业的发展。美国当时的机器人制造技术也日趋成熟，到1980年，美国已拥有3500台机器人。同一时期，日本政府也在大力支持机器人制造工业，制造厂家维持在120家左右。到1976年，日本机器人年产量已达到7200台。苏联从1976年起，由于政府重视、国家集中统一领导，到1980年已拥有机器人6800台。联邦德国到1980年，也拥有了3500台机器人。

（四）产业发展期

在产业发展期，机器人生产企业及市场发展都比较成熟。美国一批大公司相继加入机器人制造行列，如通用汽车、通用电气、IBM、西屋电气等公司。在这一时期，日本机器人公司已有几百家之多，日本使用机器人数占到全世界的50%以上；全世界机器人总数已达到近80万台。

（五）机器人智能化时期

在这一时期，科学家们力图使传统的机械机器人向多用途发展，实现新一代的机器人化，也就是赋予机器人一定的"感知、思维（问题的解答、决策和规划）以及动作"的能力，使现在的大规模生产线跳到具有同样效率，能生产出多品种、多规格产品的"敏捷"生产线，使产品的价格与批量无关。

智能化科技革命迅速发展，使认识论发生了转变，由"人是机器"转向"机器是人"。进入"机器是人"时代，现代性的物性、主体性、理性主义、历史整体主义以及历史进步观念在经历着思维方式的转化，而这种思维方式的转化构建了智能化时代的价值观。由于现代性发展水平各不相同，现代性场域里的唯物史范畴也在面临着质疑：生命、意识以及伦理道德是否只是人类独有的现象？分工、交换、无人车间是否在改变劳动价值论？自然是在继续被人征服，还是在与人日趋和谐？资本逻辑是在宰制人类，还是在造福人类？工具理性是导致目的的丧失，还是意义的再现？人的主体性是愈渐丧失，还是愈加巩固？异化理论是继续深化，还是走向终结？"机器是人"时代，现代性被筑堤愈加巩固，还是被掘墓走向终结？这有待于人类在智能化时代的不断验证，有待于人类在现代性的流变里反思人类未来的三种抉择：人类被智能化机器圈养、人类战胜智能化机器以及人类与智能化机器共生。不可否认的是"机器是人"既给人类的发展带来一连串的机遇，也给人类的命运带来挑战。

"机器是人"时代给人类的发展带来了一连串的机遇：一是生产过程的多样性、多元化以及闲暇性；二是交换形式的便捷性、跨时空性以及颠覆性；三是消费方式的瞬时性、多样性以及快捷性；四是分配结果的公平性、公开性以及公正性；五是人类自身的改造，高科技使人类能用技术手段来改造自己、完善自己。

"机器是人"也给人类的命运带来了一系列的挑战：一是人机界限越来越模糊，人与机器的鸿沟在缩小；二是机器越来越智能化，自我控制的能力越来越强，对人的依赖性越来越小；三是机器取代人的体力劳动，未来将会取代人的脑力劳动，人类一旦将全部的体力劳动和脑力劳动都交给机器，将一无是处，并且人的器官都将退化；四是人类对机器的依赖性越来越强，失去了对自然和外部世界的关注，自然和外部世界成为机器主宰的对象，人类失去了对客体的反思；五是人类花在智能手机、计算机上的时间越来越长，越来越长时间地将智能手机、计算机作为"身体的部件"，越来越沉浸在虚拟空间里生活，人类失去交往的意义；六是人类对科学技术的好奇心，可能会无视道德规则的底线，践踏人类生命，如基因编辑婴儿，是对人类行为规范底线的践踏。现代性场域中人、机器、社会以及国家的理论观念在发生着嬗变，也引发了人类对未来社会的构想。

面对现代性的流变，人类未来将何去何从？法国哲学家德日进在《人的未来》里提供了两种方案：一种是基督教方案，唯有在统一世界内在深处的顶峰上最终出现的一个自主集合中心，才能从结构上和功能上在仍然分崩离析的人类群体内部充分激起、维持并释放出期待的促进共识力量，也就是真正的超级爱，要有真正的大我；另一种是马克思主义方案，使人类个体在人类起源与发展终结的地方隐约地看到集体思考和同情提升到某种状态，使每个个体从参与中得益，足以激励人类个体并使其确定前进的方向。在德日进的马克思主义方案里，可以看出个人进入集体的思考和同情就是为了获得自由，每个人的自由发展是一切人的自由发展的条件。今天人类社会处于马克思第二大形态"人对物的依赖"前提下，人类无法摆脱资本的逻辑和机器的体系，但是历史进步、历史整体性、科学精神、人文精神以及自由精神是人类追求的共同目标。不管是发达国家还是发展中国家，都面对"机器是人"所引发的对人类未来的思考。悲观者担忧人类会遭受对象化、智能化机器的灭绝，人类会走向终结局面，乐观者认为智能化机器为人类减轻了劳动的负担，人类会实现全面解放。

尽管如此，人类生产力还在发展，人类社会还在前进，人类探索自然、外部世界乃至发明创造智能化机器的脚步并没有停止。展望21世纪，高级机器人即遥控机器人和特种机器人的发展、多种机器人和操作者之间的协调控制以及通过网络建立的大范围机器人遥控系统将成为发展趋势。随着遥控及智能化技术的发展，还将出现各种各样的服务机器人，它们将使人真正脱离第一线作业。

第二节 人工智能的定义

　　进入 21 世纪以来，随着互联网、大数据、云计算、物联网以及自动智能化的发展，人工智能产品及其附属的惊世呈现，如谷歌公司旗下的"阿尔法狗"以总比分 4∶1 大胜围棋世界冠军李世石，世界上第一个拥有公民身份的人工智能机器人——索菲娅诞生，谷歌公司旗下的无人驾驶汽车成功试运行，甚至在军事上出现能够避过雷达探测的无人智能战斗机等，也包括以人工智能为概念打造的科幻题材电影，如《银翼杀手》《我，机器人》《阿凡达》《机械姬》等，让人类感叹一个旧秩序被解构时代的到来，一个智能秩序被建构时代和一个人机共存时代的到来。人工智能的本质是什么？认知科学家玛格丽特·博登认为，人工智能就是主体性生命的模拟与超越。人工智能对哲学产生影响，研究人工智能的哲学家用人工智能技术来解决众所周知的身心问题、自由意志的难题和有关意识的谜题。

　　美国未来学家托勒夫在《第三次浪潮》一书里将人类文明分为农业文明、工业文明以及信息文明，信息文明就是智能化时代的前奏。马克思虽然没有预言到智能化时代，但是他向我们展示了智能化时代的本质，就是物质世界的人化过程。而人类生产力发展的历史进程，本质上正是世界的人化过程，智能化正是这种世界的人化过程，也是人类自身对象化过程的高级形态。

　　人工智能主要研究用人工的方法和技术，模仿、延伸和扩展人的智能，实现机器智能。人工智能的长期目标是实现人类水平的人工智能。自 1956 年人工智能诞生以来，其取得了许多令人兴奋的成果，在很多领域得到了广泛的应用。

　　人工智能，又称为机器智能，它是指用人工的方法在机器（计算机）上实现目标的智能，或者说是人们使机器具有类似于人的智能。人工智能的研究是在多学科的基础上发展起来的，可以说，它是一门综合性极强的边缘学科。人工智能的概念最早是由英国数学家图灵提出的。1950 年，图灵发表了题为《计算机与智能》的论文，提出了著名的"图灵测试"，形象地指出了什么是人工智能以及机器应该达到的智能标准。该测试标准的提出对人工智能科学的进步与发展产生了深远影响，直到现在还有许多人把它作为衡量机器智能的准则。

　　18 世纪的工业革命，以机器代替或减轻人的体力劳动来提高劳动生产率。20 世纪的信息技术，尤其是计算机的出现，以机器代替或减轻人的脑力劳动，形成了人工智能新兴学科。

1956年，4位年轻学者——约翰·麦卡锡（John McCarthy）、马文·明斯基（Marvin Minsky）、克劳德·香农（Claude Shannon）和内森·罗彻斯特（Nathaniel Rochester）共同发起和组织召开了用机器模拟人类智能的讨论会。会议邀请了包括数学、神经生理学、精神病学、心理学、信息论和计算机科学领域的10名学者参加，为期两个月。此次会议是在美国的新罕布什尔州的达特茅斯学院召开的，有时也称其为达特茅斯会议。

在会议上，科学家们运用数理逻辑和计算机的研究成果，提供关于形式化计算和处理的理论，模拟人类某些智能行为的基本方法和技术，构造具有一定智能的人工系统，让计算机去完成需要人的智力才能胜任的工作。其中马文·明斯基的神经网络模拟器、约翰·麦卡锡的搜索法、赫伯特·西蒙（Herbert Simon）和艾伦·纽威尔（Allen Newell）的"逻辑理论家"成为讨论会的3个亮点。

在会议上，约翰·麦卡锡提议用人工智能作为这一交叉学科的名称，标志着人工智能学科的诞生，具有十分重要的意义。多年来，人们试图用以下4种方法对人工智能做出定义。

一、类人行为

学者库兹韦尔（Kurzweil）提出人工智能是一种创建机器的技艺，这种机器能够执行需要人的智能才能完成的功能。这与图灵测试的观点很吻合，是一种类人行为定义的方法。1950年，图灵提出图灵测试，为智能提供一个满足可操作要求的定义。图灵测试用人类的表现来衡量假设的智能机器的表现，这无疑是评价智能行为的最好且唯一的标准。图灵称为"模仿游戏"的测试是这样进行的：首先，将一个人与一台机器置于一个房间中，而与另外一个人分隔开来，并把后一个人称为询问者；其次，询问者不能直接见到屋中任意一方，也不能与他们说话，因此他不知道到底哪一个实体是机器，只可以通过一个类似终端的文本设备与他们联系；然后，让询问者仅根据通过这个仪器提问收到的答案辨别出哪个是计算机、哪个是人；最后，如果询问者不能区别出机器和人，那么根据图灵的理论，就可以认为这个机器是智能的。

尽管图灵测试具有直观上的吸引力，图灵测试还是受到了很多批评。最大的疑问在于，该算法倾向于解决符号问题，而不是对感知技巧和对人类智力至关重要的人工灵活性的测试。而另一个观点则是，图灵的测试并不需要将机器的智能与人类的智力相结合。也许，机器的智慧与人类的智慧是完全不同的，用人类的思维去衡量本身就是一种错误。事实上，许多当代人工智能从业者都对图灵测试产生了全面的怀疑，他们将图灵测试视为一种误导，会使我们无法专注于当前的工作。我们应该发展一种普遍的理论，用以解释人与机器智能的机理，并将其发展为能够解决特定的实际问题的工具。

二、类人思维

1978年学者贝尔曼（Bellman）提出人工智能是那些与人的思维、决策、问题求解和学习等有关活动的自动化。其主要采用的是认知模型的方法——关于人类思维工作原理的可检测的理论。认知科学是研究人类感知和思维信息处理过程的一门学科，它把来自人工智能的计算机模型和来自心理学的实验技术结合在一起，目的是要对人类大脑的工作原理给出准确和可测试的模型。如果说某个程序能够像人一样思考，那么就必须以某种方式确定人是如何思考的。为确定人类思维的内部是怎样工作的，有两种方法：通过内省或者通过心理学实验。一旦有了关于人类思维足够精确的理论，就可能把这种理论表示为计算机程序。如果该程序的输入/输出和实时行为与人的行为相一致，这就证明该程序的某些机制可能是按照人类模式运行的。例如，艾伦·纽威尔和赫伯特·西蒙开发了通用问题求解器，他们并不满足于仅让程序能够正确地求解问题，而是更关心对程序的推理步骤轨迹与人对同一个问题的求解步骤的比较。作为交叉学科的认知科学，把来自人工智能的计算机模型与来自心理学的实验技术相结合，试图创立一种精确而且可检验的人类思维工作方式理论。

20世纪50年代末，有学者在对神经细胞的模拟中提出了用一种符号来标记另一些符号的存储结构模型，这是早期的记忆块概念。在象棋大师的头脑中就保存着在各种情况下对弈经验的记忆块。20世纪80年代初，艾伦·纽威尔和罗森·布鲁姆（Rosen Bloom）认为，通过获取任务环境中关于模型问题的知识，可以提高系统的性能，记忆块可以作为对人类行为进行模拟的模型基础。通过观察问题求解过程，获取经验记忆块，用其代替各个子目标中的复杂过程，可以明显提高系统求解的速度，由此奠定了经验学习的基础。1987年，艾伦·纽威尔、莱尔德（Laird）和罗森·布鲁姆提出了一个通用解题结构——SOAR，希望能把各种弱方法都实现在这个解题结构中。SOAR是"State, Operator and Result"的缩写，即"状态、算子和结果"之意，意味着实现弱方法的基本原理是不断地用算子作用于状态，以得到新的结果。SOAR是一种理论认知模型，它既从心理学角度对人类认知建模，又从知识工程角度提出一个通用解题结构。SOAR的学习机制是通过外部专家的指导来学习一般的搜索控制知识。外部指导可以是直接劝告，也可以是给出一个直观的简单问题。系统可以把外部指导给定的高水平信息转化为内部表示，并学习搜索记忆块。

三、理性思维

1985年查尼艾克（Charniak）和麦克德莫特（McDermott）提出人工智能是用计算模型来研究智力能力的，这是一种理性思维方法。一个系统如果能够在它所知范围内正确行事，它就是理性的。古希腊哲学家亚里士多德是首先试图严格定义"正确思维"的人之一，他将其定义为不能辩驳的推理过程。他的三段论方法给出了一种推理模式，当已知前提正确时总能产生正确的结论。例如，专家系统是推理系统，所有的推理系统都是智能系统，所以专家系统是智能系统。这些思维法则被认为支配着心智活动，对它们的研究创立了"逻辑学"研究领域。

19世纪末20世纪初发展起来的形式逻辑给出了描述事物的语句以及事物之间关系的精确的符号。到了1965年，原则上已经有程序可以求解任何用逻辑符号描述的可解问题。在人工智能领域，传统上所谓的逻辑主义希望通过编制逻辑程序来创建智能系统。

这种逻辑方法有两个主要问题：首先，把非形式的知识用形式的逻辑符号表示是不容易做到的，特别是当这些知识不是100%确定的时候；其次，"原则上"可以解决一个问题与实际解决问题之间有很大的不同，甚至对于仅有几十条事实的问题进行求解，如果没有一定的指导来选择合适的推理步骤，都可能耗尽所有计算机的资源。

四、理性行为

学者尼尔森（Nilsson）认为人工智能关心的是人工制品中的智能行为，这种人工制品主要指能够动作的主体。行为上的理性指的是已知某些信念，执行某些动作以达到某个目标。主体可以看作能够进行感知和执行动作的某个系统。在这种方法中，人工智能可以认为就是研究和建造理性的主体。在"理性思维"方法中，它所强调的是正确的推理。一方面，做出正确的推理有时被作为理性主体的一部分，因为理性行动的一种方法是逻辑地推出结论。另一方面，正确的推理并不是理性的全部，因为在有些情景下，往往没有某个行为一定是正确的，而其他的是错误的，也就是说没有可以证明是正确的应该做的事情，但是还必须要做某件事情。

当知识是完全的，并且资源是无限的时候，就是所谓的逻辑推理。当知识是不完全的，或者资源有限时，就是理性的行为。理性思维和行为常常能够根据已知的信息（知识、时间、资源等）做出最合适的决策。

简而言之，人工智能主要研究用人工的方法和技术，模仿、延伸和扩展人的智能，实现机器智能。人工智能的长期目标是实现人类水平的人工智能。

第三节 人工智能的历史

一、人工智能的诞生

人工智能并非一个新的研究领域，它诞生于 20 世纪 50 年代。人工智能领域的研究正式开始于 1956 年在达特茅斯学院所举行的一次会议。会议的组织者是约翰·麦卡锡、马文·明斯基和另外两位资深科学家克劳德·香农以及内森·罗彻斯特。参会者还包括雷·索洛莫诺夫（Ray Solomonoff）、奥利弗·塞尔弗里奇（Oliver Selfridge）、特伦查德（Trenchard）、亚瑟（Arthur）、艾伦·纽威尔和赫伯特·西蒙，他们中的每一位都在人工智能研究的第一个十年中做出了重要贡献。这是一次头脑风暴式的讨论会，这 10 位年轻的学者讨论的是当时计算机尚未解决，甚至尚未开展研究的问题，包括人工智能、自然语言处理和神经网络等。

二、人工智能的黄金时代

达特茅斯会议之后的十几年是人工智能的黄金年代。在这段时间里，计算机被用来解决代数应用题、证明几何定理、学习和使用英语，这些成果在得到广泛赞赏的同时也让研究者们对开发出完全智能的机器信心倍增。下面列举了一些该时期的重要成果。

1958 年，约翰·麦卡锡发明 Lisp 计算机分时编程语言，该语言至今仍在人工智能领域被广泛使用。

1958 年，美国国防部高级研究规划局（Defense Advanced Research Projects Agency，DARPA）成立，主要负责高新技术的研究、开发和应用。60 多年来，DARPA 已为美军成功研发了大量的先进武器系统，同时为美国积累了雄厚的科技资源储备，并且引领了美国乃至世界军民高技术研发的潮流。

1959 年，世界上首款工业机器人"尤尼梅特"开始在通用汽车公司的装配线上服役。

1964年，IBM360型计算机成为世界上第一款规模化生产的计算机。

1966年到1972年，美国斯坦福研究所研制了移动式机器人Shakey，并为控制机器人开发了STRIPS系统。Shakey是首台采用了人工智能学的移动机器人，引发了人工智能早期工作的"大爆炸"。1966年，美国麻省理工学院（MIT）的魏泽堡发布了世界上第一个聊天机器人Eliza。Eliza的过人之处在于她能通过脚本理解简单的自然语言，并能产生类似于人类的互动。其中最著名的脚本便是模拟罗吉斯心理治疗师的Doctor。1968年12月9日，美国斯坦福研究所的道格拉斯·恩格尔巴特（Douglas Engelbart）发明了计算机鼠标，构想出了超文本链接概念，它在几十年后成了现代互联网的根基。恩格尔巴特提倡"智能增强"而非取代人类，被誉为"鼠标之父"。1972年，维诺格拉德在美国麻省理工学院建立了一个用自然语言指挥机器人动作的系统SHRDLU，它能用普通的英语句子与人交流，还能做出决策并执行操作。

三、人工智能的第一次低谷

传统的人工智能导致了语音识别、机器翻译等领域迟迟不能突破，人工智能研究陷入低谷。

1972年康奈尔大学的教授弗雷德·贾里尼克（Fred Jelinek）被要求到国际商业机器公司（IBM）做语音识别。在此之前各个大学已经花了20多年的时间研究这个问题。当时主流的研究方法有两个特点：一是让计算机尽可能地模拟人的发音特点和听觉特征，二是让计算机尽可能地理解人所讲的完整语句。前一项研究被称为特征提取，后一项研究大多使用基于规则和语义的传统人工智能的方法。

贾里尼克认为，人的大脑是一个信息源，从思考到找到合适的语句，再通过发音说出来，是一个编码的过程，经过媒介传播到耳朵，是一个解码的过程。既然是一个典型的通信问题，那就可以用解决通信的方法来解决。为此，贾里尼克用两个数据模型（马尔科夫模型）分别描述信源和信道。然后使用大量的语音数据来训练。最后，贾里尼克团队花了4年时间，将语音识别从过去的70%提高到90%。后来人们尝试使用此方法来解决其他智能问题，但因为缺少数据，结果不太理想。

在当时，由于计算机性能的瓶颈、计算复杂度的指数级增长、数据量缺失等问题，一些难题看上去好像完全找不到答案。比如像今天已经比较常见的机器视觉功能在当时就不可能找到一个足够大的数据库来支撑程序去学习，机器无法吸收足够的数据量自然也就谈不上视觉方面的智能化。

1973年数学家莱特希尔（Lighthill）针对英国人工智能研究状况的报告批评了人工智能在实现其"宏伟目标"上的完全失败，也影响到了项目资金的流向，人工智能遭遇了6年左右的低谷。

四、人工智能的繁荣期

1977年左右，对人工智能的研究进入人工规则专家系统阶段。在这个阶段，逻辑推理上升为专家系统、知识工程，专家可以通过手工构建规则或选取特征来解决一些小规模的特定问题。在这个阶段，机器无法定规则，那么专家事先把规则都定好，但是依然出现问题了，因为专家无法估计所有的规则，或者是构造需要的所有特征和数据。

1981年，日本经济产业省拨款8.5亿美元支持第五代计算机项目。其目标是造出能够与人对话、翻译语言、解释图像，并且像人一样推理的机器。

受到日本的影响，其他国家纷纷做出响应。英国开始了耗资3.5亿英镑的阿尔维（Alvey）工程。美国一个企业协会组织了微电子与计算机技术集团（MCC），向人工智能和信息技术的大规模项目提供资助。DARPA也行动起来，组织了战略计算促进会，其在1988年向人工智能的投资是1984年的3倍。此时，人工智能又迎来了大发展。

专家系统是一种程序，能够依据一组从专门知识中推演出的逻辑规则在某一特定领域回答或解决问题。最早的示例由爱德华·费根鲍姆（Edward Feigenbaum）和他的研究小组开发，这一团队于1965年设计的DENDRAL能够根据分光计读数分辨混合物。1976年他们又设计出了MYCIN，能够诊断血液传染病。1981年，斯坦福大学国际人工智能中心的杜达等人研制成功了地质勘探专家系统PROSPECTOR，为专家系统的实际应用提供了最成功的典范。专家系统仅限于一个很小的知识领域，从而避免了常识问题；其简单的设计又使它能够较为容易地编程实现或修改。总之，实践证明了这类程序的实用性，直到专家系统后，人工智能才开始变得实用起来。

专家系统的能力来自它们存储的专业知识，这是20世纪70年代以来人工智能研究的一个新方向。帕梅拉·麦考达克（Pamela McCorduck）认为，不情愿的人工智能研究者开始怀疑，因为它违背了科学研究中对最简化的追求。智能可能需要建立在对分门别类的大量知识的多种处理方法之上。20世纪70年代的教训使智能行为与知识处理关系非常密切，有时还需要在特定任务领域非常细致的知识。知识库系统和知识工程成了20世纪80年代人工智能研究的主要方向。

1982年，物理学家约翰·霍普菲尔德（John Hopfield）证明一种新型的神经网络（现被称为"Hopfield网络"）能够用一种全新的方式学习和处理信息。大约在同时，大卫·鲁梅尔哈特（David Rumelhart）推广了反向传播算法——一种神经网络训练方法。这些发现使1970年以来一直遭人遗弃的连接主义重获新生。

五、人工智能的新发展

现如今人工智能已被成功地应用在技术产业中，"实现人类水平的智能"这一最初的梦想曾在20世纪60年代令全世界的人们为之着迷，其失败的原因至今仍众说纷纭。目前各种因素的合力将人工智能拆分为各自为战的几个子领域，有时候它们甚至会用新名词来掩饰"人工智能"这块被玷污的金字招牌。人工智能比以往的任何时候都更加谨慎，却也更加成功。

第一次让全世界感到计算机智能水平有了质的飞跃是在1997年，IBM公司的超级计算机"深蓝"大战人类国际象棋冠军卡斯帕罗夫。卡斯帕罗夫是世界上最富传奇色彩的国际象棋世界冠军，他在这次比赛中以4∶2比分战胜了深蓝。对于这次比赛，媒体认为深蓝虽然输了比赛，但这毕竟是国际象棋史上计算机第一次战胜世界冠军两局。时隔一年后，改进后的深蓝卷土重来，以3.5∶2.5的比分战胜了卡斯帕罗夫。自从1997年以来，计算机下棋的本领越来越高，进步超过人类的想象。到了现在，计算机在棋类游戏中已经可以战胜所有人类。

深蓝实际上收集了世界上百位国际大师的对弈棋谱，供自己学习。这样一来，深蓝其实看到了名家们在各种局面下的走法。当然深蓝也会考虑卡斯帕罗夫可能采用的走法，对不同的状态给出可能性评估，然后根据对方下一步走法对盘面的影响，核实这些可能性的估计，找到一个最有利自己的状态，并走出这步棋。因此深蓝团队其实把一个机器智能问题变成了一个大数据和大量计算的问题。

越来越多的人工智能研究者开始开发和使用复杂的数学工具。人们广泛地认识到，许多人工智能需要解决的问题已经成为数学、经济学和运筹学领域的研究课题。数学语言的共享不仅使人工智能可以与其他学科展开更高层次的合作，而且使研究结果更易于评估和证明。人工智能已成为一门更严格的科学分支。

近几年，机器学习、图像识别这些人工智能技术更是被用到了普通人的实际生活中。我们可以在Google Photos中更快地找到包含猫猫狗狗的图片，可以让

Google Now 自动推送给我们可能需要的信息，可以让 Inbox 自动撰写邮件回复。这背后都离不开人工智能研究者的长久努力。不过，让人们唏嘘的是，"实现人类水平的智能"这个在 20 世纪 60 年代就提出的课题至今仍然没有答案，而且我们现在也难以预测何时会有结果。人工智能虽然可以在某些方面超越人类，但想让机器完成人类能做到的一切工作，这个目标看上去仍然遥遥无期。

第四节　人工智能的应用领域

一、服务领域

（一）国外服务机器人

1984 年，被称为"机器人之父"的约瑟夫·恩格尔伯格设计并生产制造了名为"Helpmate"的服务机器人。Helpmate 被用来在医院为病人递送药品、进行邮件的收发等工作，这也成为服务机器人应用的开端。Motoman-SDA10 机器人是由日本安川电机公司开发的，其只有上身部分且被固定在基座上，上身可以绕位于腰部的回转轴进行旋转运动。它具有两个七自由度的手臂，手臂末端装有手爪。Motoman-SDA10 会打鼓、玩魔方、烤面包，还会制作什锦煎饼，烹饪完毕会将食物放入盘内。

德国的卡尔斯鲁厄理工学院研制了类人服务机器人 ARMAR，其双臂具有仿人的外形设计，每只手臂具有七个自由度，身体有四个自由度，安装在可以自主移动的轮式驱动平台上。ARMAR 被设计出来的目的是在日常生活中可以独立或者协助人类工作。

Hermes 机器人是由德国慕尼黑联邦国防大学智能机器人研究室研究的一款类人服务机器人。该机器人底盘是由四个轮子组成的全方位移动机构，有两条手臂，每个手臂有六个自由度并带有一个自由度的手爪。该机器人配有扬声器和麦克风，具有语音识别功能，可以与人类进行简单的交流，人类也可以通过电子邮件给机器人分配任务。Hermes 机器人在视觉系统的导航下可以实现避障功能，双臂协作可以完成倒啤酒工作。

（二）我国服务机器人

我国在 20 世纪 70 年代开始进行机器人相关研究，在 20 世纪 90 年代开始进行服务机器人的应用,这其中成果比较丰硕的是中国科学院沈阳自动化研究所。中国科学院基于自有的研究成果和市场研判在 2000 年成立了专门进行机器人研究与制造的沈阳新松机器人自动化股份有限公司(简称"新松机器人公司"),进行机器人的研发、生产和商业化的工作。

2007 年,哈尔滨工业大学成功研制服务机器人"青春",这种机器人可以在一定环境下进行自主行走、躲避障碍,以及进行简单的人机会话。2011 年,浙江大学研发仿人机器人"悟"和"空",这两个机器人可以进行连续的乒乓球对打,全身 30 多个电动机各司其职,运动灵活。在 2016 年的中央电视台春节联欢晚会上,一款国产娱乐服务机器人"Alpha 2"进行了节目表演,该机器人体积小巧、控制精准,具备舞蹈表演、歌唱表演等不同的娱乐功能。

2017 年 8 月,在天津举行的第十三届全运会上,第一次使用了北京康力优蓝机器人科技有限公司生产的人工智能机器人"优友"与吉祥物"津娃"共同畅游海河,携手点燃全运圣火。

国内比较有代表性的服务机器人制造企业有新松机器人公司、广州数控机器人科技有限公司、南京埃斯顿自动化股份有限公司等,与国外同行相比,这些企业的产品在某些方面还有差距,但发展前景很好。国内企业对于服务机器人的应用也较为全面,包括医用智能服务机器人、家庭用智能服务机器人等系列。

近年来,虽然我国的智能服务机器人的研发与应用已经取得了一些成果,但是与美国、日本等国家相比还存在差距。尤其在一些具体的实际应用场景下,项目的实施还停留在机械地整合相关技术上,人机交互的友好性还很欠缺,自动化程度还停留在较低水平,人工智能技术的应用也处在一个较低的程度。虽然我国的智能服务机器人在技术上还有欠缺,但国外的智能服务机器人技术并没有形成实质性的技术垄断,国内企业和研究机构完全可以利用我国较为完整的相关产业链实现对国外同行的超越,在市场应用上占据更大的市场份额。

二、视觉领域

计算机视觉是使用计算机模仿人类视觉系统的科学,让计算机拥有类似人类提取、处理、理解和分析图像以及图像序列的能力。自动驾驶、机器人、智能医疗等领域均需要通过计算机视觉技术从视觉信号中提取并处理信息。近年来随着深度学习的发展,预处理、特征提取与算法处理渐渐融合,形成了端到端的人工智能算法技术。根据待解决的问题,计算机视觉可分为计算成像学、图像理解、三维视觉、动态视觉和视频编解码五大类。

（一）计算成像学

计算成像学是探索人眼结构、相机成像原理及其延伸应用的科学。在相机成像原理方面，计算成像学不断促进现有可见光相机的发展，使得现代相机更加轻便，可以适用于不同场景。同时计算成像学也推动着新型相机的产生，使相机超出可见光的限制。在相机应用科学方面，计算成像学可以提升相机的能力，继而通过后续的算法处理，使得在受限条件下拍摄的图像更加完善，如图像去噪去模糊、暗光增强、去雾霾等，以及实现新的功能，如全景图、软件虚化、超分辨率等。

（二）图像理解

图像理解就是对图像的语义理解。它是以图像为对象，以知识为核心，研究图像中有什么目标、目标之间的相互关系、图像是什么场景以及如何应用场景的一门学科。通常根据理解信息的抽象程度将图像理解分为三个层次：浅层理解，包括图像边缘、图像特征点、纹理元素等；中层理解，包括物体边界、区域与平面等；高层理解，根据需要抽取的高层语义信息，可大致分为识别、检测、分割、姿态估计、图像文字说明等。目前高层图像理解算法已逐渐广泛应用于人工智能系统，如刷脸支付、智慧安防、图像搜索等。

（三）三维视觉

三维视觉即研究如何通过视觉获取三维信息（三维重建）以及如何理解所获取的三维信息的科学。三维重建可以根据重建的信息来源，分为单目图像重建、多目图像重建和深度图像重建等。三维信息理解，即使用三维信息辅助图像理解或者直接理解三维信息。三维信息理解可分为三层：浅层理解，包括角点、边缘、法向量等；中层理解，包括平面、立方体等；高层理解，包括物体检测、识别、分割等。三维视觉技术可以广泛应用于机器人、无人驾驶、智慧工厂、虚拟/增强现实等方面。

（四）动态视觉

动态视觉即分析视频或图像序列，模拟人处理时序图像的科学。通常动态视觉问题可以定义为寻找图像元素，如像素、区域、物体在时序上的对应，以及提取其语义信息的问题。动态视觉研究被广泛应用在视频分析以及人机交互等方面。

（五）视频编解码

从信息论的观点来看，描述信源的数据是信息和数据冗余的和，即数据＝信息+数据冗余。数据冗余有许多种，如空间冗余、时间冗余、视觉冗余、统计冗余等。将图像作为一个信源，视频压缩编码的实质是减少图像中的冗余。视频压缩编码技术可以分为两大类：无损压缩和有损压缩。无损压缩也称为可逆编码，指使用压缩后的数据进行重构时，重构后的数据与原来的数据完全相同。也就是说，解码图像和原始图像严格相同，压缩是完全可恢复的或无偏差的，没有失真。无损压缩用于要求重构的信号与原始信号完全一致的场合，如磁盘文件的压缩。有损压缩也称为不可逆编码，指使用压缩后的数据进行重构（解压缩）时，重构后的数据与原来的数据有差异，但不影响人们对原始资料所表达的信息的理解。也就是说，解码图像和原始图像是有差别的，允许有一定的失真，但视觉效果一般是可以接受的。有损压缩的应用范围包括视频会议、可视电话、视频广播、视频监控等。

目前，计算机视觉技术发展迅速，已具备初步的产业规模。未来计算机视觉技术的发展主要面临以下挑战：一是如何在不同的应用领域和其他技术更好地结合，计算机视觉在解决某些问题时可以广泛利用大数据，其技术已经逐渐成熟并且可以超过人类，但在某些问题上却无法达到很高的精度；二是如何降低计算机视觉算法的开发时间和人力成本，目前计算机视觉算法需要大量的数据与人工标注，需要较长的研发周期以达到应用领域所要求的精度与时效；三是如何加快新型算法的设计开发，随着新的成像硬件与人工智能芯片的出现，针对不同芯片与数据采集设备的计算机视觉算法的设计与开发也是挑战之一。

三、医疗领域

（一）手术方面

目前，机器人在医疗领域显示出强大的生命力和广阔的应用前景。因此，世界各国特别是发达国家争相将高新技术应用于医疗器械的研究与开发中，并先后在医学界、科技界、工业界制订了各种研究计划，许多产品已经推向市场进行临床应用。

在国外，机器人手术系统最先被应用于神经外科手术领域。1985年，有研究人员利用Puma 560机器人实施了一个神经外科手术，被认为是世界上第一例将机器人应用到医疗领域的手术。1988年，英国开始研制可以进行前列腺切除的机器人，1991年Puma 560的改进型机器人被成功研制并应用于临床试验，它是世界上第一个用于将大量组织从患者体内切除的机器人。

随着医疗机器人技术的不断发展,应用于微创外科手术的机器人系统出现了。它表明医疗机器人技术已经发展到了一个新阶段,因为微创外科手术的复杂程度是其他各种类型的手术所无法比拟的。

机器人辅助微创手术操作系统中最著名的是美国的计算机运动(Computer Motion)公司的自动最佳定位内窥镜系统(AESOP)(机器人)。1994年,计算机运动公司获得了美国食品药品监督管理局(FDA)的许可,将AESOP系统用于外科手术,AESOP机器人具有七个运动自由度的声控机械手臂,能模拟人手臂的运动功能,可以替代医生助手进行对内窥镜的操作,机械手臂的控制采用医生语音信息辅助控制的人机协调系统。

(二)康复医疗方面

康复医疗机器人主要用于恢复患者运动系统的功能。人体运动系统的问题可以划分为两类:一类是受伤肢体的运动范围问题;另一类是运动学习的问题,即运动技能的学习或再学习。

20世纪80年代是康复机器人研究的起步阶段,自从索尔特(Salter)等人于1978年设计了世界首台基于连续被动活动(CPM)康复理论的康复机器人之后,针对踝、手指、手腕、肘、肩和颞下颌等各个人体关节的康复机器人被设计出来。美国、英国和加拿大在康复机器人研发方面处于世界领先地位。1990年以后,康复机器人的研究进入全面发展时期,目前,世界上有超过57个国家的700多万患者受益于康复机器人技术。康复机器人已经被广泛地应用到了假肢、康复护理和康复治疗等方面,这不仅促进了康复医学的发展,也带动了相关领域的新技术和新理论的发展。

四、自然语言处理领域

自然语言处理(Natural Language Processing,NLP)是计算机科学领域与人工智能领域中的一个重要部分,甚至是其核心部分,也是人工智能中最为困难的问题之一。它研究能实现人与计算机之间用自然语言进行有效通信的各种理论和方法。自然语言处理是一门融语言学、计算机科学、数学于一体的科学。它与语言学的研究有着密切的联系,但又有重要的区别。自然语言处理并不是一般地研究自然语言,而在于研究能有效地实现自然语言通信的软件系统,特别是大规模的智能处理。从广义上讲,自然语言处理可分为两部分:自然语言理解和自然语言生成。自然语言理解是使计算机能理解自然语言文本的意义,而自然语言生成是让计算机能以自然语言文本来表达给定的意图、思想等。

自然语言理解是个综合的系统工程，它又包含了很多细分学科，有代表声音的音系学，代表构词法的词态学，代表语句结构的句法学，代表理解的语义句法学和语言学。语言理解涉及语言、语境和各种语言形式的学科。而自然语言生成则恰恰相反，它是从结构化数据中以读取的方式自动生成文本。该过程主要包含三个阶段：文本规则（完成结构化数据中的基础内容规则）、语句规则（从结构化数据中组合语句来表达信息流）、实现（产生语法通顺的语句来表达文本）。

NLP可以被应用于很多领域，这里大概总结出以下几种通用的应用：机器翻译、情感分析、智能问答、文摘生成、文本分类、知识图谱。

①机器翻译是自然语言处理最为人所熟知的应用，国内外有很多比较成熟的机器翻译产品，如Google翻译、百度翻译等。

②情感分析在一些评论网站上比较有用，比如某购物网站的评论中会有很多用户关于购物体验的满意度评语，商家可以通过自然语言处理技术来做情感分析，以此来分析总结用户评价满意度。

③智能问答在一些电商网站中有非常实际的价值，如代替人工充当客服角色。有很多基本而且重复的问题，其实并不需要人工客服来解决，通过智能问答系统可以筛选掉大量重复的问题，使得人工客服能更好地服务用户。

④文摘生成利用计算机自动地从原始文献中摘取文摘，全面准确地反映某一文献的中心内容。该技术可以帮助人们节省大量的时间成本，而且效率很高。

文本分类是机器对文本按照一定的分类体系自动标注类别的过程。文本数据是互联网时代一种最常见的数据形式，新闻报道、网页、电子邮件、学术论文、评论留言、博客文章等都是常见的文本数据的类型。文本分类问题所采用的类别划分往往也会因为分类依据不同而有较大差别。例如，根据文本内容，可以有"政治""经济""体育"等不同类别；根据应用目的要求，检测垃圾邮件时，可以有"垃圾邮件"与"非垃圾邮件"之分；根据文本特点，做情感分析时，可以有"积极情感文本"与"消极情感文本"之分。

知识图谱又称为科学知识图谱，在图书情报界称为知识域可视化或知识领域映射地图，是显示知识发展进程与结构关系的一系列各种不同的图形。它用可视化技术描述知识资源及其载体，挖掘、分析、构建、绘制和显示知识及它们之间的相互联系。

五、认知推理领域

人工智能的目标是使计算机能够成为具有和人类一样智能的系统，而认知与推理一直被认为是人工智能最集中的体现。在实际运行的系统中实现智能系统的认知和推理具有非常重要的意义。要想实现智能系统的认知和推理，就要求它融合神经网络、计算机技术、智能决策等多种技术。因此，认知和推理作为一个多种技术的综合体，为分析和处理各类数据提供了有效途径。

人工智能主要是研究人的智能行为，就是把人的行为人工化、工程化。从人工智能的发展史看，其实专家系统可以说是最早的人工智能技术，它在工业领域产生了较大影响。专家系统是一种基于规则的知识库，最出名的是 MYCIN，它能够帮助医生诊断疾病。不同领域有不同的专家系统，如采矿系统、计算机设计系统、银行的贷款和审批系统等。其实，20 世纪 80 年代财富 500 强企业中有三分之二已经把专家系统应用在日常的商业活动中。只是现在很少再听到"专家系统"这个名词。要想真正达到人工智能，需要一个完整的智能体，这个完整的智能体需要全方位的人工智能技术。例如，大家熟知的家庭服务机器人，一个能独立工作的机器人，必须对人类有认知、有记忆，而且能根据人类的喜好进行推理。因此，认知与推理一直被认为是人工智能最集中的体现。

第五节　人工智能时代带来的影响

一、自动驾驶

自从谷歌公司正式对外宣布自动驾驶汽车项目以来，自动驾驶行业已呈现出整体布局、多元配置、多角度切入的格局，千亿美元乃至万亿美元规模的庞大产业生态已具雏形。未来 10 年，自动驾驶将是中国科技发展面临的最重要的机遇之一。

自动驾驶带给我们的有关未来生活的想象空间几乎是无穷的。例如，当汽车不再需要司机时，我们不再需要买一部到两部私家车放在家里。滴滴、优步等代表的共享经济已经为我们揭示出了一些未来生活的样子；大多数汽车可以用共享经济的模式，随叫随到。因为不需要司机，这些车辆可以保证 24 小时待命，可以在任何时间、任何地点提供高质量的租用服务。这样一来，整个城市的交通情况会发生翻天覆地的变化。因为智能调度算法的帮助，共享汽车的使用率会接近

100%，城市里需要的汽车总量则会大幅减少。需要停放的共享汽车数量不多，只需要占用城市里有限的几个公共停车场的空间就足够了。停车难、大堵车等现象会因为自动驾驶共享汽车的出现而得到真正的解决。那个时候，私家车只用于满足个人追求驾驶乐趣的需要，就像今天人们回到郊外骑自行车锻炼身体一样。

更重要的是，汽车本身的形态也将发生根本性的变化。一辆不需要方向盘、不需要司机的汽车，可以被设计成前所未有的样子。例如，因为大部分出行都是一两个人，共享的自动驾驶汽车完全可以设计成比现在汽车小很多，仅供一两个人乘坐的舒适"座舱"，这可以节省大量道路空间。在道路上，汽车和汽车之间可以通过"车联网"连接起来，完成许多有人驾驶不可能完成的工作。例如，许多部自动驾驶汽车可以在道路上排列成间距极小的密集编队，同时保持高速行进，统一对路面环境进行侦测和处理，而不用担心出现追尾的风险。再如，一辆汽车在路面上可以通过自己的传感器发现另一辆汽车的故障，及时通知另一辆汽车停车检修。未来的道路也会按照自动驾驶汽车的要求来重新设计，专用于自动驾驶的车道可以变得更窄，交通信号可以更容易被自动驾驶汽车识别。

在自动驾驶时代里，人们可以把以前驾驶汽车的时间用来工作、思考、开会、娱乐等。一部分共享汽车可以设计成会议室的样子，人们既可以围坐在汽车里讨论问题，也可以在乘车时通过视频会议与办公室里的同事沟通。未来乘坐自动驾驶车的时间，完全可以用来享受汽车座椅内置的全身按摩服务，或者接入虚拟现实（VR）设备来一次穿越奇幻世界的冒险。

自动驾驶的普及对产业结构、经济格局的影响将极其深远。想象一下在过去的100多年，汽车工业是如何彻底改变了全球、全人类的生活方式的，是如何创造出了一大批市值百亿美元、千亿美元的大型跨国公司的，是如何带动了从设计、生产到零件、外包、服务、咨询、培训、交通、物流等数百个相关的生态产业的，是如何在短短数十年里让美国成为"车轮上的国家"的，又是如何在短短十几年里在中国小康家庭中普及了汽车出行的现代生活方式的。如此庞大的汽车工业，正面临着以人工智能为依托的自动驾驶技术的改造。汽车工业中的每一个子产业都可能在未来10年内发生翻天覆地的变化。即便不提整车制造，单是自动驾驶技术需要的廉价、可靠的传感器（如激光雷达），就可能成为一个千亿美元规模的大产业。或者，针对未来的自动驾驶技术，对现有道路进行改造升级，这又将涉及庞大的固定资产投资和相关产业的升级。无论如何乐观地预测自动驾驶对全球社会、经济发展的贡献，也许都不为过。

麦肯锡公司预测，到 2030 年时，自动驾驶技术的普及将为现有的汽车工业带来约 30% 的新增产值，这部分销售额包括受益于自动驾驶技术而获得更大发展空间的共享汽车经济（如在目前的交通拥堵和人口稠密地区、远郊区域等，利用自动驾驶技术可大幅提高共享经济的发展空间），因自动驾驶技术的普及而发展起来的车上数据服务，如应用程序、导航服务、娱乐服务、远程服务、软件升级等。

二、产业升级

进入工业革命 4.0，人类社会进入了数字化阶段，数字化智能系统在现实世界里提取数据、抓取知识，帮助人类感知和认知现实世界，而工业 4.0 的本质，就是以智能制造为主导，通过自动化技术，实现产业的规模化、异质化以及定制化的产业。智能制造依赖的是"互联网+"、大数据、云计算以及物联网，整合社会产业的链条，将社会产业串联在一起。大数据计算释放人的脑力，数据成为生产资料，计算是生产力，"互联网+"是生产关系，正是在这样的背景下引发了巨大的社会变革。随着智能机器进入企业、工厂以及车间，生产产品流程都被机器所替代，生产效率也在不断地提高，实体企业、工厂以及车间所展现的生产、消费、分配以及交换之间关系逐渐被遮蔽，消费者需求成为产业生产的信号，创造、激发以及推送消费者个性化的需求成为智能机器生产的核心动力。

马克思在《1857—1858 年经济学手稿》中批判地继承了古典政治经济学的观点，详尽地阐述了生产、消费、分配以及交换之间的关系。他并不认为生产、分配、交换、消费是同一的东西，而是说，它们构成一个总体的各个环节，一个统一体内部的差别。生产既支配着与其他要素相对而言的生产自身，也支配着其他要素。过程总是从生产重新开始。交换和消费不能是起支配作用的东西，这是不言而喻的。因此，一定的生产决定一定的消费、分配、交换和这些不同要素相互间的一定关系。马克思所处的时代是由蒸汽机所带来资本家、工厂、工人以及车间等要素组成的生产链条，虽然工人并不能直接占有劳动产品，但是占绝大多数的工人仍然是社会消费的主要力量，因此在马克思笔下生产要素成为生产方式四大环节最为重要的一环，通过机器车间生产出来的产品进入交换市场供少数的资本家消费，而更多的是供工人消费。

进入人工智能时代，生产方式面临巨大的变革，至少可以从生产方式、分工交换以及思维定式三个方面进行考量。一是传统意义上的生产者与消费者"面对面"交易模式、生产与分配"相互对等"的模式已经被打破，工业 4.0、"互联网+""人工智能+"之间的联系与区别，在何种意义上转换了生产者与消费者之间关系？二是传统意义上的实体企业、工厂、车间在遭遇"互联网+"、智能技术时不再是主导型产业，有的产业进行了转化，有的仍然在缓慢前行甚至面临破产淘汰，斯密的劳动分工、马克思的社会分工在面临"互联网+"、智能技术时是否发生了调整与变革？三是传统意义上的用技术定义世界、思考世界以及重塑世界的思维定式发生了变革，"人工智能+"不单单是一门技术，更是重新定义与思考世界的方式，其在何种意义上进行重新定义与思考世界？

最早提出工业4.0的国家是德国，并在2013年4月的汉诺威工业博览会上正式推出工业4.0，其核心目的是提高德国工业的竞争力，在新一轮工业革命中占领先机。德国工业4.0是指利用物流信息系统将生产中的供应、制造、销售信息数据化、智慧化，最后达到快速、有效、个人化的产品供应。2015年中国政府提出了《中国制造2025》，对应德国4.0战略，旨在推进制造强国建设，不过这时候制造强国已经由智能技术支撑。自此，工业4.0成为世界各国的共识，然而随着互联网、"互联网+""人工智能+"技术融入工业、产业以及社会诸多行业，工业4.0具有了新的内涵以及发展脉络。

传统的制造业以机械、电力和电器作为其动力，长期依赖于低成本劳动力、低成本资源以及低成本土地，生产的产值和效率低以及产品的利润偏低，导致技术的附加值和产业附加值较低，一直处于"微笑曲线"的底端。由于自然条件、技术价格偏高以及劳动力密度大因素影响，一些发展中国家在工业发展过程中传统的制造业占主导地位，遭遇工业4.0、"互联网+"以及"人工智能+"的传统制造业面临转型势在必行。中国传统的制造业最早建立在东北，后来制造业转移到珠三角和长三角地区，这三大区域转型也迫在眉睫。工业4.0、"互联网+""人工智能+"对传统制造业冲击最大的是产业生产方式的调整，如一家汽车制造厂，建立一条生产流水线，依赖于劳动力作业，成本高的同时效率也低，数字化的汽车制造，智能机器进入车间生产之后依赖于机器生产，只需要建立产品模块，给智能机器配备模块程序就能很快地进行产品组合生产。百度总裁李彦宏认为，传统制造业向数字制造业转变的核心是数据和知识，即制造的流程、制造的工艺、制造的设计，制造的每一步都会用数字来控制。由此可以看出工业机器人进入车间生产的重要意义以及折射出数字、数据和智能对产业的意义。

目前，在工业4.0及《中国制造2025》的引导下，中国机器人产业整体市场规模持续扩大。据国际机器人联合会统计，工业机器人在汽车、金属制品、电子、橡胶及塑料等行业已经得到了广泛的应用。目前在全球制造业领域，工业机器人使用密度已经达到 78 台 / 万人。我国工业机器人市场发展较快，约占全球市场份额的三分之一。2017 年我国工业机器人销量达 13.8 万台，2018 年销量超过 15 万台，市场规模达 54.2 亿美元。到 2019 年，其市场规模为 57.3 亿美元。该数据反映了我国工业机器人快速发展的过程，我国制造业由劳动密集型向技术密集型转化，这也是得益于近年国家互联网以及智能技术的发展。工业 4.0、互联网技术以及人工智能技术应用是有着紧密的联系的，工业 4.0 的建造没有互联网、智能技术的支撑，其核心部件——智能制造就无法开启，真正发挥其技术作用。

工业 4.0、"互联网+"以及"人工智能+"有何区别呢？这也是目前不管是学界研究人工智能，还是企业家研究人工智能都容易混淆的方面，对此可以做四方面解析。一是概念区分。工业 4.0 可以将产品的订单要求变成各种机器设备能够识别的信息和数字，然后输入生产系统，一个环节、一个环节地接收计算机指令，直到自动生产、协同制造的完成；"互联网+"就是帮你实现需求与计算机或手机界面的连接，界面连接云端数据库，库中汇集海量产品样式，供你选择参与设计，帮助你完成网上下单、跟踪、交易全过程，"人工智能+"就是根据你口令描述的需求特征，判断、分析、运算最适合你的产品，在你和人工智能系统之间，由一个人机交互界面帮助你与机器互动、执行决策和下单。二是意义生产区分。工业 4.0 注重标准化、程序化、规模化，生产的产品严格按照工艺流程进行生产；互联网注重海量性、参与性以及反馈性；人工智能注重运算、预判性以及智能性。三是对象区分。工业 4.0 要求进行程序化以及规模化生产，供给绝大多数消费者，追求技术成果的普惠性；互联网要求进行个性化，供给个性群体进行决策，追求技术成果的特殊性；人工智能进行人机智能交互选择与决策，追求技术成果的能动性。四是功能属性。工业 4.0 要求工业整齐划一；"互联网+"则是市场参与者大众化的开放式平台，为用户提供充分的市场信息，充分的选择机会，也可为用户提供个性化的定制服务，为用户创造更大价值；"人工智能+"则是使得市场、消费更加便捷，不仅通过支付端进行消费，而且将来会通过人脸识别、语音识别以及手纹识别等形式来实现。

三、智慧金融

智慧金融可以说是目前人工智能领域内最被看好的领域。2016 年 9 月 5 日，嘉信理财集团的首席投资战略师丽兹·桑德斯（Liz Sonders）在她的个人推特页面上贴出了两张对比鲜明的图片。那是瑞士银行设在美国康涅狄格州的交易场，整个交易场的面积比一个足球场还大,净空高度超过12米,交易场内曾经布满了一排排的桌椅和超过一万名的资产交易员,是世界上最大的金融资产交易场所。可是,2016年人们在这里看到的却是一片萧条景象,原本繁忙的交易场内,桌椅稀稀拉拉,几近门可罗雀。

我们已经知道,人工智能之所以能在近些年突飞猛进,主要得益于深度学习算法的成功应用和大数据打下的坚实基础。判断人工智能技术能在哪个行业最先引起革命性的变革,除了要看这个行业对自动化、智能化的内在需求外,还要看这个行业内的数据积累、数据流转、数据存储和数据更新是不是达到了深度学习算法对大数据的要求。

放眼各垂直领域,金融行业可以说是全球大数据积累最好的行业。银行、保险、证券等业务本来就是基于大规模数据开展的,这些行业很早就开始了自动化系统的建设,并极度重视数据本身的规范化、数据采集的自动化、数据存储的集中化、数据共享的平台化。以银行为例,国内大中型银行早在20世纪90年代,就开始规划、设计、建造和部署银行内部的大数据处理流程。经过30多年的建设,几乎所有主要银行都可以毫不费力地为即将到来的智能应用提供坚实的数据基础。

在需求层面,金融行业有着各垂直领域里最迫切的自动化和智能化的需求,而基于深度学习的现代人工智能技术正好可以满足这些需要。

过去的几十年里,金融行业已经习惯了由人类分析师根据数学方法和统计规律,为金融业务建立自动化模型(如银行业经常使用的控制信贷风险的打分模型),或者采用较为传统的机器学习方法(非深度学习)用机器来自动完成数据规律的总结,以提高金融业务的运营效率。在一个动辄涉及几千、几万的数据维度的行业里,人类分析师的头脑再聪明,也无法将一个待解决问题的所有影响因子都分析清楚,只能采用简化的数学模型,来拟合复杂数字世界里的隐含规律。基于深度学习的人工智能算法显然可以在数据分析与数据预测的准确度上,超出人类分析员好几个数量级。

拿股票交易来说,人类股票分析师的大脑里最多能够记住几百只股票的交易规律、价格走势,最多能根据股票市场内的几千个影响股价的因素,制定出简化的交易策略。而基于机器学习特别是深度学习实现的量化交易程序,则可以轻松应对几万、几十万个变化因子,全面观察交易场内、场外的各种影响因素,在需要时,可以盯紧全世界每一只股票的交易价格,每一次交易的实时情况,每一个交易市场的整体波动规律,每一个投资人和投资机构在全部历史时间内的交易策略,乃至世界所有证券、财经类媒体上每一篇关乎股票价格的报道,脸书和推特上每一次关乎股票价格的讨论……基于这种海量、实时数据的量化交易算法，显然有可能发现诸多人类股票分析师难以发现的隐含规律，并利用这些隐含规律，获得远远超过人类股票分析师所能获得的交易收益。

根据高盛公司的评估，在金融行业里，最有可能应用人工智能技术的领域如下。

①量化交易与智能投顾。一方面，人工智能技术可以对金融行业里的各项投资业务，包括股权投资、债券投资、期货投资、外汇投资、贵金属投资等，利用量化算法进行建模，并直接利用自动化算法参与实际交易，获取最高回报。另一方面，人工智能算法也可以为银行、保险公司、证券公司以及它们的客户提供投资策略方面的自动化建议，引导他们合理配置资产，最大限度规避金融市场风险，最大限度提高金融资本的收益率。

②风险防控。银行、保险等金融机构对于业务开展中存在的信用风险、市场风险、运营风险等几个主要风险类型历来高度重视，投入了大量人力、物力、财力采集相关数据，制定风险模型或评分系统，采用各种方法降低风险，减少损失。近年来新兴的互联网金融公司，由于其业务的特殊性，更加需要对客户的信用风险进行准确评估。相关的风险防控体系需要依赖高维度的大量数据进行深入分析，在这方面，基于深度学习的现代人工智能算法与人类分析员或传统机器学习算法相比，有着先天的优势，可以对更为复杂的风险规律进行建模和计算。

③安防与客户身份认证。基于新一代机器视觉技术的人工智能产品正在各大银行的客户端产品和网点承担起客户身份认证与安防的工作。今天我们在使用支付宝或各大银行的手机银行时，已经有不少应用需要我们打开手机摄像头，计算机自动将摄像头采集的用户脸部图像与用户预存的照片进行比对，以确认用户的真实身份。银行各办公网点则可以利用新一代人脸识别技术，对往来人员进行身份甄别，确认没有非法人员进入敏感或保密区域。

④智能客服。银行、保险、证券等行业为确保客户服务质量，一般都建立了大规模的呼叫中心或客服中心，雇用大量客服人员，利用电话、网站、聊天工具、手机应用等方式，解答客户问题。随着支持语音识别、自然语言理解和知识检索的人工智能客服技术逐渐成熟，金融行业的客服中心会慢慢引入机器人客服专员，由人工智能算法代替人类工作人员，并最终建立起全智能化的客服中心。

⑤精准营销。如何将金融产品通过传统媒体、网络媒体、手机应用广告等营销方式，传递给最有可能购买该金融产品的客户，这是提高金融行业获客效率，提升盈利能力的关键。基于深度学习的人工智能技术可以基于多来源、多维度的

大数据，为银行潜在客户进行精准画像，自动在高维空间中，根据潜在客户曾经的购买行为、个人特征、社交习惯等，将潜在客户分为若干种类别，并为每一种类别的潜在客户匹配最适合他们的金融产品。

四、社会分工

对人类来说，每次重大的科技革命必然导致一次新的社会革命，人类历史上发生的四次工业革命，在不同程度上引起了分工的变化。经历了四次工业革命分工是怎样发生的？是怎样推进人类社会进步的？马克思在《德意志意识形态》中对此做了深刻的论述。任何新的生产力，只要它不是迄今已知的生产力单纯的量的扩大，都会引起分工的进一步发展。一个民族内部的分工，首先引起工商业劳动同农业劳动的分离，从而也引起城乡的分离和城乡利益的对立。分工的进一步发展导致商业劳动同工业劳动的分离。同时，由于这些不同部门内部的分工，共同从事某种劳动的个人之间又形成不同的分工。马克思针对人类历史上发生的分工进行了考察，毋庸置疑，分工变化仍然是与生产力发展相关的。斯密看到了由分工带来的生产效率的提高，甚至带来了生产力的革命。生产力的革命大大地缩短了劳动的时间，降低了生产的成本，提高了劳动的效率。斯密强调分工的生产力的革命，马克思认为分工既是生产力革命，更是生产关系的重组。如今，互联网公司叠加了人工智能元素，如谷歌、亚马逊、脸书、阿里巴巴、百度、京东等公司，在互联网上把互联网金融构成一个平台，把智能化的高科技的发展契合到这个实体经济方面来，再把金融工具融进来，把互联网、金融工具与实体经济结合起来，这样的分工能够聚集产业，融合实体与虚拟经济，实现利润最大化的同时也最大化地整合了资源。以百度搜索引擎来为例，早期的百度是用于搜集信息的工具，如今百度搜索引擎进行了整合之后，线上实现了智能信息的搜集，线下尝试了百度机器人、无人驾驶汽车等，百度搜索引擎不再是简单的搜集信息的工具，已经是一种分工，是一种生产力，如果用马克思的话说，这就是一场生产关系的重组。

新的大分工时代，叠加智能元素的互联网公司引发了生产力革命，导致整个世界分工都出现了新的重组。过去，中国被称为世界加工厂，如今，加工厂的属性在某种意义上仍然还存在，但是这个加工不是被动的加工。过去是以忽略不计的而且是一个被动的概念来接受加工的，现在中国的加工已经融入了全球经济的产业链，失去了这个链条就完不成整个产品的生产。所以，叠加智能元素的互联网公司所发动的这一场新的互联网金融智能平台所带来的新的社会分工，既是一场生产力的革命，更是一场生产关系的重组，即人与人之间关系的重组。人工智能对于社会行业发展的影响可以从两大维度进行分析。

一是人工智能技术与项目结合维度。人工智能技术与项目结合就是注重技术的投入，将技术融合到项目中去，对项目的产业及产业链进行探索与创新，这些技术是项目的核心部件。腾讯研究院对人工智能技术列出了三大梯队：第一梯队是智能机器、无人机等；第二梯队是语音识别、语义分析以及聊天机器人等；第三梯队是人脸识别、视频监控、图像识别等。

二是人工智能与行业结合维度。人工智能与行业结合成为国内外人工智能企业家、政治学家以及哲学家们关注的重要热点，他们从不同的角度来阐述人工智能对社会行业的机遇与挑战。麻省理工学院终身教授迈克斯·泰格马克（Max Tegmark）在其著作《生命3.0：人工智能时代人类的进化与重生》一书中做了深入的研究，人工智能让太空探索成为可能，给金融业带来获取巨大盈利的机会，让能源优化更高效，给医疗服务业带来巨大变革，在交通运输业能够大施拳脚，颠覆通信业以及让法律条例来适应人工智能的进步，尤其是提出了未来由人工智能驱动的无人机等自动化武器系统很可能会比人类士兵更加公正和理性。腾讯研究院从产业发展程度来分析，金融、交通、医疗、娱乐以及快递可能成为人工智能最先落地的领域，自动驾驶、智能机器人、虚拟现实和增强现实等融合了图像、语音识别等多项人工智能技术，受到国家和相关企业的高度关注。人工智能科学家李开复详尽地分析了人工智能产业的发展前景，认为自动驾驶将成为人工智能最大的应用场景，智能金融将成为人工智能最被看好的落地领域，智慧医疗将成为医生的好帮手，机器翻译以及智能超市已经逐步成为现实。

五、智慧医疗

人工智能对人类最有意义的帮助之一就是促进了医疗科技的发展，让机器、算法和大数据为人类自身的健康服务，让智慧医疗成为未来地球人抵御疾病、延长寿命的核心科技。

（一）智慧医疗的关键技术

智慧医疗系统的关键技术主要包括物联网技术、云计算技术、移动计算技术、数据融合技术。下面对这些关键技术进行简单介绍。

1. 物联网技术

物联网技术在医疗领域的应用，能够帮助医院实现对人的智慧化医疗和对物的智慧化管理，从而使智慧医疗得以实现和推广。

在智慧医疗应用中，物联网的主要应用技术包括物资管理可视化技术、医疗信息数字化技术、医疗过程数字化技术三个方面。例如：借助医疗物联网技术实现即时监测和自动数据采集以及远程医疗监护；借助射频识别（RFID）标识码，利用移动设备管理系统，在无线网络条件下直接进入系统实时完成设备标识、定位、管理、监控，实现大型医疗设备的充分利用和高度共享，大幅度降低医疗成本；运用物联网技术可以实现患者以及医护管理等的信息智能化。

2. 云计算技术

借助云计算技术，可以将病人的电子医疗记录或检验信息都存储在中央服务器中，可以实现对病人的信息和相关资料的全球存取，医护人员可从因特网激活的设备上实时获取资料。它具有超大规模、虚拟化、多用户、高可靠性、高可扩展性等特点，改变了医疗行业的信息化方式，极大地降低了医疗行业信息系统建设成本，对医疗机构改善患者个性化服务质量提供了强有力的支撑，体现了智慧医疗"以患者为中心"的理念。

3. 移动计算技术

移动计算技术可以帮助医疗机构完成对内部网络传感器获得的信息进行语义理解、推理和决策，医护人员可以根据需要通过某种设备随时随地访问所需要的信息，实现智能控制。移动计算技术为远地移动对象的检测与预警、数据的快速传送提供支撑，从而为医护人员的急救工作赢得了时间。

4. 数据融合技术

以医学图像为例，在临床诊断、治疗、手术导航中，将各种模式的图像进行配准和融合，能提供互补的医学信息，实现功能图像与形态图像的融合，精准预测功能障碍区的解剖位置和实现功能/结构关系的评估与研究。对源自多传感器的不同时刻的目标信息或同一时刻的多目标信息进行综合处理、协调优化，能大大提高医疗系统的智能化与信息化水平。

（二）智慧医疗的功能

1. 人员管理智能化

患者监护跟踪安全系统、婴儿安全管理系统、医护人员管理系统等的实施，加强了人员的流动管理、出入控制与安全管理，实现了人员管理智能化。

2. 医疗过程智能化

依靠物联网技术通信和应用平台，能实现实时付费、网上诊断、网上病理切片分析等，以及挂号、诊疗、查验、住院、手术、护理、出院、结算等智能服务。

3. 供应链管理智能化

通过实施药品、耗材、器械设备等医疗相关产品在供应、分拣、配送等各个环节的供应链管理系统，能实现供应链管理智能化。

4. 医疗废弃物管理智能化

通过智能化管理系统的建设，对医疗废弃物处理的各个环节进行信息采集，实行数据库化管理，能实现对医疗废弃物的全程跟踪管理。

5. 健康管理智能化

实行家庭安全监护，能实时得到病人的全面医疗信息。而远程医疗和自助医疗系统可实现信息及时采集和高度共享，能缓解资源短缺、资源分配不均的窘境，降低公众医疗成本。

（三）中国智慧医疗建设取得的成效

近年来，各地政府以标准化建设为核心，以信息化惠民为宗旨，着力推进信息集成和互联互通，智慧医疗建设取得了一定成效。

1. 优化资源布局、改善医疗服务体验

看病难就医难是由于我国医疗资源总量不足、分布不合理、流动不充分导致的。信息技术尤其是"互联网+医疗"服务，为医疗服务的"供需匹配"带来十分有价值的解决方案，智慧医疗最显著的成效是改善患者的医疗服务体验。通过智慧医疗服务模式，借助互联网技术，将医院的"围墙"打开，将医院"围墙"内的资源向社会开放，实现信息共享，建立一个虚拟化的客户服务体系，从而放大服务能力，提高服务质量与效率。

2. 促进产业发展和产业形态升级

从应用领域看，智慧医疗首先带动了从医疗向外辐射的医疗产业链，如以健康体检为主的预防性健康管理，以老年群体养老养护为主的医养结合，居家社区慢病康复管理等，这些应用将医疗健康服务的理念从认知层面提升到实践层面，促进了整合的医疗保健体系建立。虽然还是一些小规模或试点性试验，但示范意义重大，能够真正推动分级诊疗秩序的形成。

从产业辐射来看，智慧医疗的应用成效带动了传统行业转型，如传统医疗IT行业的过渡和转型、金融保险服务业转型、健康和医疗相关的产业转型等。

传统医疗IT行业从技术供应商向信息服务商转型；金融保险企业投向和借助健康管理机构，利用信息化手段和数据服务对客户进行健康管理，控制保险支出，并对传统医疗IT行业进行战略投资，促进产业整合，健康和医疗相关的产业，如药品零售、医疗器械、个人用医疗装备等产业智慧医疗的拉动效应已经显现。

六、智能教育

在2017年未来教育大会上，时任教育部副部长杜占元说："人工智能将对教育产生革命性影响，将为教育界与产业界更加广泛的跨界合作提供发展空间。中国将在推进教育信息化的过程中，进一步推动人工智能在教与学、教育管理、教育服务过程中的融合应用，利用智能技术支撑人才培养模式的创新，支撑教学方法的改革，支撑教育治理能力的提升。"杜占元的讲话传递出两个信号：一是信息时代的教育将从智能设备普及阶段向人工智能技术注入个性化发展的阶段升级；二是要推动人工智能技术在教育领域的应用。

德国贝塔斯曼基金会执行委员会委员约格·德莱格提出一个观点：基于人工智能的个性化学习的核心，是给教师省下时间去关注真正重要的东西，教师除了要"教知识"，更需要"教孩子"。人工智能技术在教育领域的应用，让教师和学生的定位发生根本性的变化，基于学生的学习者主权时代已经到来。

（一）伪创新者和实干家

人工智能领域存在伪创新，常会出现过度宣扬人工智能全能论的现象。

有些互联网创业公司确实拥有人工智能人才，并且获得了上亿元的风险投资，公然宣称人工智能必然取代教师，并声称可以通过人工智能打败新东方、好未来等教育公司。这种极端式营销概念炒作多于实际效果，实际上人工智能确实能减少教师烦琐重复的工作量，但是在学生道德培养、情感沟通等多个方面，当前人工智能根本无法代替教师。

智能教育领域存在泡沫现象，也不缺乏脚踏实地的实干家。这些实干家对智能教育怀着敬畏的心理，他们会花费大量的时间寻找合适的供应商，打磨产品，在学校试点后再迭代产品。他们知道自己的业务边界，不用大而全的方案绑架有信息化诉求的学校。他们提出的解决方案不是忽悠投资者，而是实用有效的解决方案。

当前人工智能仍然处在起步阶段，智能教育也刚刚兴起，在发展的过程中，实干家和伪创新者鱼龙混杂,这是市场逐步走向成熟的必经阶段。优质产品挤压泡沫的过程,正是智能教育真正兴起的过程。

(二)常态化是检验智能教育的实践标准

截至2020年底,我国中小学互联网接入率已达到100%,多媒体教室的比例为98.35%。多媒体教室是教育和互联网深度融合的初级触点,是提升教学活动的试点性开端,但无法真正满足日常教学中的实际需求,难以在教学中实现常态化应用。

实现智慧课堂需要两方面的努力:一方面要结合教学场景需求设计产品,让智能教育产品在真实的教育场景中得到应用;另一方面要切实提升学习与教学管理。

OKAY智慧教育是国内在"人工智能+教育"领域起步较早、实践经验丰富的品牌之一,它集教育信息化解决方案设计、人工智能教育产品自主研发、技术支持与培训于一体,致力于为全国各地教育主管部门、全日制公办学校、课外辅导机构、广大教师、学生、家长提供教育信息化解决方案和产品。

自成立以来,OKAY智慧教育便开始对"人工智能+教育"深度融合进行探索和实践,OKAY智慧教育创始人贾云海还提出了"学习者主权"理念,倡导利用互联网大数据及人工智能技术,实现把学习主权归还给学生,让学生变"被动"为"主动",让教师"变教为导"。经过几年的研发和测试,"OKAY智慧课堂"在学校实现了常态化的应用,取得了令人瞩目的成果。

短短几年的时间,OKAY智慧课堂已经在全国千余所学校落地开花,惠及数万名教师和数十万名学生。OKAY智慧教育不是在多媒体教室中演示和零星体验,而是已经融入学校日常教学管理体系中,真正为学习落地。

OKAY智慧教育之所以能做到常态化应用并获得认可,应该有以下两方面的原因:一是产品定位并非传统教育方式支撑,而是变革学习活动本身,学习活动从单向传输变为双向互动,教师从教内容变成教学生;二是产品设计与学习场景紧密结合,才能让教师与学生更容易使用。课前教师基于学生数据进行智能备课,课上教师通过教学专用终端与学生实时互动,课后通过智能分析有针对性地布置作业。通过大数据分析和人工智能技术,满足课前、课上、课后全流程场景教学需求,让教与学的价值最大化。

通过OKAY智慧教育的成功案例我们可以看出,智能教育不是单纯通过营销就可以实现的,而是需要能被实实在在地常态化。在智能教育领域,实干家会日渐获得资本和教育工作者的青睐。

百年大计，教育为本，希望有更多的实干家加入智能教育大潮之中，让更多真正优秀的产品和解决方案在学习与教学活动中得到常态化应用。

七、智能制造

全球产业竞争格局正在发生重大调整，我国在新一轮发展中面临巨大挑战。2008年国际金融危机发生后，发达国家纷纷实施"再工业化"战略，重塑制造业竞争新优势，加速推进新一轮全球贸易投资新格局。一些发展中国家也在加快谋划和布局，积极参与全球产业再分工，承接产业及资本转移，拓展国际市场空间。我国制造业面临发达国家和其他发展中国家"双向挤压"的严峻挑战，因此必须放眼全球，加快战略部署，着眼建设制造强国，固本培元，化挑战为机遇，抢占制造业新一轮竞争制高点。

在工业和信息化部公布的"2015年智能制造试点示范专项行动"中，智能制造是指基于新一代信息技术，贯穿设计、生产、管理、服务等制造活动各个环节，具有信息深度自感知、智慧优化自决策、精准控制自执行等功能的先进制造过程、系统与模式的总称。其具有以智能工厂为载体、以关键制造环节智能化为核心、以端到端数据流为基础、以网络互联为支撑等特征，可有效缩短产品研制周期、降低运营成本、提高生产效率、提升产品质量、降低资源能源消耗。

根据我国发布的《智能制造发展规划（2016—2020年）》，智能制造是基于新一代信息通信技术与先进制造技术深度融合，贯穿于设计、生产、管理、服务等制造活动的各个环节，具有自感知、自学习、自决策、自执行、自适应等功能的新型生产方式。全球工业在经历了机械化、电气化、信息化三个发展阶段后，目前正步入第四个发展阶段——智慧化，即以信息物理系统（CPS）带动的第四次革命。

随着新一代信息技术和制造业的深度融合，我国智能制造的发展取得了明显成效。据有关机构测算，2010年我国智能制造产业销售收入为3000亿元，到2020年我国智能制造产业销售收入已超过2万亿元。以高档数控机床、工业机器人、智能仪器仪表为代表的关键技术装备取得积极进展；智能制造装备和先进工艺在重点行业不断普及，离散型行业制造装备的数字化、网络化、智能化步伐加快，流程型行业过程控制和制造执行系统全面普及，关键工艺流程数控化率大大提高；在典型行业不断探索、逐步形成了一些可复制推广的智能制造新模式，为深入推进智能制造奠定了一定的基础。

智能制造行业作为中国制造业的主要驱动力之一，随着利好政策的不断出台，行业将持续稳定增长，在中国制造业中所起到的作用将会越来越重要。从发展前景、技术融合、商业模式等方面来看，中国智能制造将迎来十大发展趋势。

趋势一：智能制造发展将持续升温。目前，我国工业机器人在汽车制造、电子产品制造等成熟度高的领域应用率逐渐饱和。随着企业数字化、网络化、智能化改造的内生需求和动力逐渐增长，智能制造将逐渐向以冶金、石化、纺织、工程机械等传统领域渗透，智能制造发展将持续升温。

趋势二：技术纵深程度高的工业场景有望成为"人工智能＋"广泛应用的突破点。人工智能与工业的深度融合将逐步从通用性技术领域向技术纵深程度高的专业技术场景转变，实现从上游设计、原料投递，到中游制造、人机协作，再到下游服务、监测运维，最终再指导工业设计和技术升级的应用闭环。

趋势三：构建精准数据流闭环将成为打造智能制造生态体系的关键。随着工业数据属性发生根本性改变，工业大数据的价值越来越被重视。在未来，工业数据将呈现从消费数据、工业大数据到精准数据流的转变，构建采集、分析、转化、反馈等环节的精准数据流闭环将成为打造智能制造生态体系的关键。

趋势四：行业及场景的聚焦将引领互联网企业进军工业领域。互联网企业进军工业领域具有天然的技术和平台优势，我国"互联网＋智能制造"已取得初步成效。在未来，聚焦智能制造具体行业及场景将成为互联网企业发展智能制造的重要切入点。

趋势五：行业级工业互联网平台将率先探索出市场化商业模式。通用性行业平台由于纵深程度有限，市场供给与需求并不匹配，使得企业上层意愿不强，尚未探索出成熟的市场化模式。行业级工业互联网平台由于兼具聚焦和普适双重特性，面对智能制造各行业不同需求，有望率先探索出可行的市场化商业模式。

趋势六：工业企业附加值提升的关键将由设备价值挖掘转为用户价值挖掘。工业发展进程正在从企业产品牵引用户需求转变为用户需求引领企业生产，智能制造对于工业领域附加值的提升也应该逐步从生产制造环节的降本增效，转向提供高附加值衍生服务，即智能制造生产的"智能产品"提供的"智能服务"，将成为工业企业附加值提升的关键。

趋势七：安全性将成为企业智能化升级决策的重要依据。工业核心数据、关键技术专利、企业用户数据等数字化资产已成为企业核心资产。目前我国数据安全法规体系和监督机制尚不健全，在一定程度上抑制了企业智能化升级的步伐。在未来，提高数据全生命周期安全性，增加企业上层信任度和意愿，将成为中国企业智能化升级决策的重要依据。

趋势八：智能制造系统集成发展将深度根植行业。智能制造系统解决方案作为综合性集成服务，既要面对"两头占款"带来的资金压力，还要满足团队对于专业人才的高需求，多领域"全面出击"的发展路线将给企业带来沉重的包袱。在未来，深度聚焦细分行业的系统集成商有望扛起产业发展大旗。

趋势九：超高附加值制造领域将成为增材制造技术在工业领域的最优切入点。增材制造技术具有生产成本下限高、上限低的特性，在桌面级应用及简单工艺大规模制造领域都不具备成本优势，规模化商用迟迟不能铺开。而以发动机、风电叶片、潜艇螺旋桨等为代表的超高附加值、超大型定制化单品制造领域，有望成为增材制造技术在工业领域的最优切入点。

趋势十：汽车、3C等行业将引领数字孪生技术加速普及。数字孪生技术作为企业数字化升级和智能工厂建设的第一选择，将从数字产品孪生、生产制造流程数字孪生和设备数字孪生三个层面，优先在工艺成熟度较高的汽车制造、电子制造领域铺开。

八、智能农业

人工智能被称为新一轮工业革命的基石，在教育、医疗、金融等领域都有了革命性的创新。在人类最古老的农业领域，人工智能技术也得到了广泛的应用。

对人来说，农业领域面临的挑战比其他领域更为重要。如今世界总人口已经超出70亿，其中有7.8亿人面临食不果腹的威胁。到2050年，全球人口将达到90亿，这意味着我们生产的粮食热量需要增长60%。同时，我们还面临着石油可能带来的能源危机，面临过度使用化肥、农药对土壤的破坏以及对人类健康的威胁，而利用人工智能技术就能有效地解决农业领域面临的这些问题。

在21世纪初，人工智能在农业领域的研发及应用就已经开始了。这其中既有进行耕作、播种和采摘等的智能机器人，也有智能探测土壤、探测病虫害、气候灾难预警等智能识别系统，还有在家畜养殖业中使用的禽畜智能穿戴产品。人工智能技术的应用正在帮助我们提高农产品产量，提高农作效率，同时还可减少农药和化肥的使用。

（一）智能图像识别

如今，我们可以通过识图软件识别各种不认识的花草。用识图软件对着花草拍照扫描一下，就可以了解花草的相关信息，这就是智能图像识别技术。

借助机器学习和深度学习,智能图像识别的准确率越来越高。Plant Village 和 Plantix 是两款智能植物识别手机软件,它们不仅能识别农作物,还能识别农作物的各种病虫害。

农户把患有病虫害农作物的照片上传,手机软件就会识别出农作物被哪种害虫危害,并且给出相应的处理方案。手机软件上还有用户和专家交流的社区,用户可以针对相应的病虫害进行讨论和交流。

(二)农业机器人

农业机器人是一种以完成农业生产任务为主要目的,兼有人类四肢行动、部分信息感知和可重复编程功能的柔性自动化或半自动化设备。它集传感技术、监测技术、人工智能技术、通信技术、图像识别技术及系统集成技术等多种前沿科学技术于一身,在提高农业生产力、改变农业生产模式、解决劳动力不足问题以及实现农业生产的规模化、多样化、精准化等方面显示出极大的优越性。

农业机器人与工业机器人有很多共同之处,但农业机器人与工业机器人相比又有明显不同,具体如下。

①作业对象的娇嫩和复杂性。

②作业环境的易变性和难预测性。

③使用对象和价格的特殊性。

把图像智能识别和智能机器人结合起来,就可以更好地为农户提供各种服务。蓝河科技(Blue River Technology)是美国一家农业机器人公司,该公司的农业智能机器人可以智能除草、灌溉、施药和喷药。利用图像识别技术,智能机器人可以获取农作物的生长状况,通过机器学习判别哪些是杂草需要清除,哪里需要灌溉、施肥、打药,并且立即执行。因为能够更精准地施肥和打药,智能机器人就可以减少农药和化肥的使用量。

美国发明家大卫·多豪特(David Dorhout)研发了智能播种机器人 Prospero,它可以通过探测装置获取土壤信息,然后通过算法得出最优化的播种密度并且进行自动播种。

除了田间管理和播种,农业智能机器人还可以帮助农户采摘成熟的蔬菜、水果。美国的农业机器人公司 Abundant Robotics 目前推出了一款苹果采摘机器人,该机器人可以达到每秒一个的采摘速度,而且不会对苹果和苹果树造成破坏。苹果采摘机器人通过摄像装置获取苹果树的照片,用图片识别技术去定位适合采摘的苹果,然后用机械手臂和真空管道进行采摘。

（三）种地不看天，看手机

对农民来说，传统的田间管理通过"看天看地看作物"来实现，而现在农民只要看看手机就可以完成田间管理。人工智能通过对卫星、航拍以及田间其他设备拍摄的图片进行智能识别和分析，就能精确地预报天气、识别土壤肥力、掌握农作物的生长状况等。例如，美国的 Descartes Labs 公司收集了海量和农业相关的卫星图像数据，应用人工智能技术去分析这些图像信息，获取数据跟农作物生长之间的关系，从而精确预测农作物的产量。

瑞士的农业科技公司 Gamaya，使用独特的超光谱感应装置，通过探测我们用眼睛看不到的光谱，为农户提供了更全面的数据，向农户提供智能田间管理服务。在瑞士，玉米、大豆和甘蔗的种植已经开始应用 Gamaya 的技术，帮助农户降低了成本并提高了产量。

（四）牛脸识别，智能穿戴

人工智能也可以应用在养殖业中，如养牛行业。据悉，牛会把人类视为捕食者，因此养牛场的工作人员会给牛群带来紧张情绪。如果使用人工智能对养殖场进行智能管理，不仅能把工作人员从繁重的工作中解放出来，还能缓解牛的紧张情绪，对牛的生长有很大的益处。

人工智能通过农场的摄像装置获得牛脸及其身体状况的照片，通过深度学习分析牛的情绪和健康状况，然后判断哪些牛生了什么病，哪些牛没有吃饱，哪些牛到了发情期。除了通过摄像装置对牛进行"牛脸"识别外，还可以给牛佩戴可穿戴的智能设备，让农场主更好地管理农场。

（五）让物联网更有价值

田间摄像头、土壤监控、无人机航拍等智能设施，能够为农业管理提供海量的实时数据。这些数据被传送到云服务器上，不同的农业服务公司会根据自己的状况设置自己的算法，然后把这些数据变成对农户有意义的信息，如哪里虫害超标、哪里需要灌溉等。人工智能还能通过算法给出各种最优化的方案，如可以把土壤环境状况和市场行情结合起来，预测出今年适合种玉米还是大豆。

人工智能在农业领域面临的挑战比其他任何行业都要大，因为农业涉及的不可知因素太多了，如地理位置、气候水土、生物多样性、复杂的微生物环境等。这些因素都直接影响着农作物的生产。

人工智能在农业领域的一些成功应用例子，大都是在特定的地理环境或特定的养殖模式中进行的。当外界环境改变后，如何优化算法和模型是人工智能目前面临的最大挑战。

九、思维方式

自第一次工业革命以来，科学技术的迅猛发展给人类带来深刻的社会、经济、政治和文化变化，技术每前进一步，标志着物质工具形式上更趋简单化和内容走向升华的一步，如同体积庞大而笨重的蒸汽机变成精巧而方便的内燃机，开动起来可以达到同火车一样的速度，如同早期硬、软件系统复杂而体积笨重的计算机变成系统简单而携带便利的微型笔记本计算机，操作起来简单而方便。物质工具的改进必然产生了人们对技术决定论的崇拜，而人工智能则是通过智能技术工具让人类看到技术背后劳动者思维的力量，它们才是推动生产力发展的重要力量，同时也是人类认识外部世界、认识未来世界、认识人类自身及重新定义人类自己的一种思维方式，而不是单一的技术决定论思维。

马克思明确提出科技是生产力，而且是一种在历史上起推动作用的革命力量的著名论点，他形象地把科技的一些划时代的成就说成是比当时一些著名革命家"更危险万分的革命家"。如人类经历了石器时代、青铜器时代、铁器时代（农业时代）、蒸汽机和内燃机时代（工业时代）、计算机时代（信息时代），都是技术的新突破才造就了一个新时代。对科学技术是生产力的理解，首先要区分作为知识形态的潜在生产力和作为物化了的直接生产力。当知识形态的科学尚未投入实际生产过程中时，它并不可能对社会的发展产生直接的推动作用，因而未来主义者强调科学知识动力论是错误的。当科学知识一旦被劳动者所掌握，新的更高效率的工具和技术出现，生产规模和效应不断扩大，产生了越来越多的劳动对象，就转化为直接的生产力。正是在这个意义上，历史唯物主义把科学技术看成历史发展的杠杆和最高意义上的革命力量。在历史唯物主义看来，技术决定论的非科学性主要表现在以下方面。

首先，它把作为知识形态的科学技术直接等同于生产力，否认了科学知识物化为生产力的客观过程。

其次，它没有认识到科学知识能否被物化，以及物化以后对社会发展作用的大小、价值的正负方向要受到社会的政治、经济制度制约。实际上，社会因素对科学技术的影响主要表现在以下方面：一是科学技术的外部条件取决于政治、经济、文化和精神条件状况；二是科学技术的内部条件取决于科研条件、科研人员水平以及科研成果的产出效应等。然而，技术决定论者把科学技术视为某种神奇的魔术，它可以离开社会性而左右社会，似乎一切都可以随心所欲地被它创造出来。

最后，它离开了生产关系谈生产力，从而肢解了生产方式的内部结果，割裂了它们之间形式与内容上的辩证关系。历史唯物主义认为，人类社会历史发展的动力是生产方式，而在生产方式中生产力起着决定性的作用，生产关系被生产力所决定，但是生产关系对生产力具有一定的反作用。生产力是生产方式的决定性因素及内容，生产关系则是生产力赖以发展的社会形式，虽然内容决定形式，但是内容不可能完全摆脱形式而存在。西方未来主义只讲生产力，不讲生产关系，只讲内容，不讲形式，目的是撇开所有制的关系来划分社会形态，从而混淆两种不同的社会制度、两种不同的阶级关系。诚然，技术对人类历史发展起着非常重要的作用，但是技术绝不是决定一切的核心动力。

人工智能重新定义了世界的思维方式，但绝不是提倡技术决定一切，而是转换一种思考维度，这种思考维度要经过三大维度考量。

首先，科学技术物化的转化。人工智能技术转化成生产力，要形成社会普遍技术的转换，要在社会生产力实现的客观过程中发现整个社会技术的物化程度，而不是单向的、某一侧面的技术转化。这也是目前人工智能研究界、学界以及企业界关注的话题。诚然，目前人工智能技术物化的成本偏高，但任何一门智能技术在投入市场之前，受外部资源因素影响，都需要较大的人员、设备以及资源投入，而随着智能技术的革新，智能技术成本、价格降低，会被企业普遍接受并使用，如此才能内化为推动生产力发展的动力。

其次，生产关系思维定式的转变。生命的生产，无论是通过劳动而生产自己的生命，还是通过生育而生产他人的生命，就立即表现为双重关系：一方面是自然关系，另一方面是社会关系。社会关系的含义在这里是指许多个人的共同活动，不管这种共同活动是在什么条件下、用什么方式和为了什么目的而进行的。这样一来，自然物质社会化了，成为社会化物质，人的社会关系也自然物质化了，成为自然物质力量的社会关系，即物化的社会关系。进入大数据、人工智能时代，数据是生产资料，计算是生产力，互联网是生产关系，数据反映了自然物质的社会化程度，互联网综合了自然、人以及社会的复杂关系，是物化了的社会关系。这种物化了的社会关系跨越时空界限、地域隔阂以及文化差异，将整合优势资源投射到劣势资源，缩小了人际差异、地区差异以及国别差异。

最后，技术成果普惠的转型。如果说计算机时代是让20%的人受益，而大数据、人工智能时代的数据技术则是让80%的人受益。在计算机时代懂得计算机且能操作计算机的人才能受益，而在大数据、人工智能时代不管文化水平高低、职业身份高低以及财富拥有多寡,任何一个个体在任何时间以及在世界上的任何一个角落,都可以不分彼此地获得同等的数据信息。

十、发展难题

(一)人工智能发展带来的民主政治难题

意识形态安全是政治安全的灵魂,是维护政治稳定的重要因素。随着人工智能技术的发展与应用,人工智能与各类软件深度结合,人们通过人工智能软件或系统获取外界信息,而这类信息往往是经过人工智能算法筛选推送的信息。人们在便捷获取信息的背后,往往受到潜移默化的意识形态方面的渗透,这就给官方媒体主导的意识形态话语体系带来诸多挑战,威胁我国主流意识形态的地位。

(二)人工智能发展带来文化安全与知识产权归属难题

1. "人工智能+文化"增添国家文化安全新风险

随着人工智能技术的不断发展,各国的文化安全也面临着新的挑战。随着人工智能技术的日益普及和网络技术的普及,人工智能与网络逐渐成为人们思想文化的第一线,对整个社会的发展产生了深远的影响。

我国面对庞大的网民数量,人人都有"麦克风"(文化生产)、人人都是"传播者"(文化传播),人工智能发展和互联网的普及为文化的生产和传播创造了条件,提供了各种进行专门创作的平台和工具,产生新的文化生产和传播手段。例如,在新型媒介上,越来越多沉默的个体上传各种自我表达、宣泄的"作品",发出自己的声音,实现了"人人都是艺术家""人人进行文化创造""人人进行文化消费"的要求,最近很火的抖音就是典型例子。但是也带来了新的挑战,我国文化安全面临多样文化交织的复杂局面。如何应对这一局面,目前尚未有完善的管理机制。

2. 人工智能生产的文化产生知识产权归属难题

文化作品与其创作主体是紧密相连的。人工智能作为辅助工具创作以及人工智能独立创作文化作品,那么这种文化作品的知识产权归属问题,目前尚未有明确的解决方案。

(三)人工智能发展带来的生态难题

1. 过度使用人工智能加剧生态环境的破坏

人工智能技术的发展使人类利用自然和改造自然的能力不断提升,给人类的生活带来了巨大的便利。但是由于人类过度使用人工智能技术去开发自然资源、掠夺自然资源，极大地破坏了自然生态系统，造成了环境问题的恶化。一方面，人工智能技术的广泛使用加速了人类对自然资源的消耗。人工智能技术是人类为了满足自身的需求而创造的，是为人类服务的。人工智能技术的一个特点是可以24小时不休息，持续工作，效率高。这是优点，但也是缺点，这点对自然界来说是非常可怕的，它让自然界没有喘息和恢复的机会，一直在被掠夺，使得生态文明建设面临更大的挑战。另一方面，人工智能的采用会对相关区域的生态环境造成破坏。人工智能技术的使用总是通过一定的物质载体实现的，将人工智能运用于生态环境需要安装一些特定的人工智能产品，而这些产品往往会带着一些辐射和噪声，这可能影响当地动物的正常生活，影响动植物的成长，给当地的自然环境造成一定的破坏。此外，人工智能产品更新换代快，会产生大量的固体垃圾。这些人工智能产品大多是由金属、非金属材料制成的，自然界难以消解，会造成更严重的生态环境问题。

2. 人机不协调的合作造成各种生态问题

人工智能代替人力对生态环境进行监管，取得了一些成效，但还是频频出现各种生态问题。一方面，人们过度地依赖人工智能系统对生态系统进行监管，忽视了人的监管，造成了检测不到位情况的发生。现阶段人工智能技术对生态系统的监管还不是很完善，还不能与生态系统进行有机的融合。人们过度地依赖人工智能进行监管，认为如果生态系统出现问题，人工智能会监控到，会预警，但是他们忽略了环境是时刻变化的，会出现各种各样的情况。人工智能系统在被设定的时候已经确定了监管的内容，对环境新出现的变化因素可能不能及时分析，因而等到发现的时候已经造成了生态破坏。另一方面，人工智能生态系统的监管体系和机制不完善，造成监管不到位。人工智能生态系统监管体系涉及多个部门、组织和单位，需要多方协调共同监管。但是由于监管体系和机制不完善，各部门之间以及人与人工智能之间的监管工作界限不明、权责不清，导致对生态环境监测不到位，生态环境频频出现问题。

第二章　人工智能的生理基础

智能时代正在以惊人的步伐朝着我们走来，智能化机器人正在越来越广的范围内取代人的工作，从"机器是人"这一隐喻可知人工智能设计的生理基础是人脑的结构。本章分为大脑的结构、人类感知世界的生理结构与功能、人类对高级智慧的理解三部分，主要包括大脑的基本组织结构、触觉结构与功能、视觉结构与功能、听觉结构与功能、味觉结构与功能、嗅觉结构与功能、语言的形成、思维的形式、艺术和哲学、情感与行为等方面的内容。

第一节　大脑的结构

一、大脑

研究人工大脑技术，首先应该学习人类大脑的基本知识，以作为未来研究的理论基础。人类大脑已经成为美国、日本等发达国家竞相研究的对象。作为工科领域的工作者，学习一些脑科学的基本知识，对于未来进行人工大脑的前沿研究，有着非常重要的实际意义。

人脑是由上千亿个神经细胞组成的复杂巨系统。这个复杂巨系统已经超过了单纯的医学或心理学研究的概念范畴。它实际上是一个信息科学的概念。大脑为人类提供了知觉、运动、注意、记忆、思维、语言、情感、意识等重要的高级功能的认知行为。

科学家预言21世纪生命科学的走向是：基因组—蛋白组—脑—认知—行为。

脑科学是研究人脑的结构与功能的综合性学科。由于脑并不是孤立存在的，研究的对象不只局限于脑，而是包括与脑密不可分的整个神经系统，甚至包括感觉和效应器官。因此，脑科学也称为神经科学，也与神经生物学常常通用。脑科学属于综合性学科，需要各学科相互渗透：哲学家试图理解思维的脑或脑的思维；物理学家试图理解物理的脑或脑的物理学；计算机专家试图理解计算的脑或脑的计算。当然，生物学家也试图理解生物的脑或脑的生物学……但是，脑同时是物质的、精神的、思维的、物理的、生物的……脑将是一切科学家最终攻克的巨型堡垒，由此而产生了脑科学这一神秘而又有时代和超时代意义的科学领域。脑科学的研究范围很广泛，可以涉及生命科学各个领域，如数学、物理学、化学、信息学等当今任何一个学科。

认识脑，首先要从脑的基本知识出发，脑和脊髓一样，是中枢神经系统的一部分，而脑又由端脑（大脑和基底神经节）、间脑、中脑、脑桥、延髓和小脑构成。脑干包括中脑、脑桥和延髓三部分。延髓连着脊髓，好像是脊髓的延长，故称延髓。

其中，大脑由左右大脑半球组成，两半球占人脑重量的60%，其体积为整个中枢神经系统的1/3，它覆盖在间脑、中脑和小脑的上面。大脑皮层指大脑半球表面，它由灰质所覆盖，人类的大脑皮层是人类意识活动的物质基础。大脑皮层的神经细胞约有140亿个，面积约为2200 cm^2，大脑皮层凹凸不平，布满深浅不同的沟，沟与沟之间隆起称为脑回。每个半球以几条主要沟为界，分为不同的脑叶。而在各脑叶区域内，有许多小的脑沟，其中蕴藏着各种神经中枢，分担不同的任务，形成了大脑皮层的分区专司功能。

人类的大脑是所有器官中最复杂的，并且是所有神经系统的中枢。通过神经系统专家，可了解它的各个功能。人类的大脑可以分为三个部分：脑核、脑缘系统、大脑皮层。脑核部分掌管人类日常基本生活的处理，包括呼吸、心跳、觉醒、运动、睡眠、平衡、早期感觉系统等。边缘系统负责行动、情绪、记忆处理等功能，另外，它还负责体温、血压、血糖，以及其他居家活动等。大脑皮层则负责人脑较高级的认知和情绪功能，它区分为两个主要大块——左大脑和右大脑，各大块均包含四个部分——额叶脑、顶叶脑、枕叶脑、颞叶脑。

人脑分为左右两个大脑半球，两者由神经纤维构成的胼胝体相连。人脑和其他哺乳动物的脑结构相似，但是容量却不一样。和与人类相同体型的哺乳动物相比，人的大脑要大得多，智慧的大脑的代价是对更多能量的需求，造成了很大的生存压力。根据考古发现，人的脑容量依旧在逐渐增大，对于现代人而言一天获取的能量有五分之一是被脑部消耗掉的。人类的大脑包含50亿～100亿个神经细胞，其中约10亿个神经细胞是皮层锥体细胞。

二、大脑的基本组织结构

大脑严格意义上指端脑与间脑，但是在神经解剖学以外的领域，通常多用大脑一词指代端脑。故在此若无特别注明，也用大脑指代端脑。端脑有左右两个大脑半球（端脑半球）。将两个半球隔开的是被称为大脑纵隔的沟壑，两个半球除了脑梁与透明中隔相连以外完全左右分开，半球表面布满脑沟，沟与沟之间所夹细长的部分称为脑回。脑沟并非在脑的成长过程中随意形成的，以什么形态出现在何处都是有规律（其深度和弯曲度因人稍有差异）的。每一条脑沟在解剖学上都有专有名称。脑沟与脑回的形态基本左右半球对称，这是对脑进行分叶和定位的重要标志。比较重要的脑沟有外侧沟、中央沟、顶枕沟等。在外侧沟上方和中央沟以前的部分为额叶；外侧沟以下的部分为颞叶；枕叶位于半球后部；顶叶为外侧沟上方、中央沟后方、枕叶以前的部分；岛叶呈三角形岛状，位于外侧沟深面，被额叶、顶叶、颞叶所掩盖，与其他部分不同，布满细小的浅沟（非脑沟）。

与人体的其他器官一样，脑的基本构成单位也是细胞，构成人脑的细胞按功能和结构不同主要分为两大类：神经细胞和神经胶质细胞。

神经细胞是高度分化的细胞，数量庞大，形态多样，结构复杂，在生理功能上具有能感受刺激和传导冲动（进行分析综合）产生反应的特点。信息处理就是由这类细胞进行的。神经细胞又称为神经元，它是人脑信息处理的基本功能单位。神经细胞具有独特的构造，它分为胞体和突起两部分，突起又分轴突和树突两种。

神经细胞的胞体位于脑和脊髓的灰质及神经节内，其形态各异，常见的形态为星形、锥体形、梨形和圆球形等。胞体大小不一，直径为 $5 \sim 150 \ \mu m$。胞体是神经细胞的代谢和营养中心。在突起中，突起数量比较多、个头比较小的叫作树突；突起比较长、个头也比较粗大的，叫作轴突。这些突起与信息传导有密切的联系，树突是负责接收信息的，而轴突是负责传出信息的。

神经细胞是人体细胞的一种，同其他细胞一样，它也有一个从小到大、生老病死的过程，但是与其他细胞不同，它的胞体不能再生，不能像其他细胞死了一个再补充一个，细胞的总数大致维持不变。神经细胞的数量在人类出生后的几个月里基本就固定下来了，以后也不再增长。

虽然神经细胞不能再生，但是它上面的突起却可以再生，并且总是在进行互相连接的活动。正是有这种活动，才使神经细胞之间建立起各种联系，使神经系统成为神经网络这样一个机能活动系统。事实上，脑的机能并不取决于脑细胞的绝对数量，而是与脑细胞之间建立起来的网络的复杂性密切相关。神经网络是脑的功能系统的框架，由于神经系统的复杂，使得人类的各种高级心理活动成为可能。而神经网络形成的物质基础是突触，突触是具有强大的可增长性的。

第二节　人类感知世界的生理结构与功能

一、触觉结构与功能

（一）触觉的概述

我们的皮肤下面分布有5类感受器，它们不仅能感受触摸，还能对压力、疼痛、热和冷产生反应。提供物体方位和质感（光滑或是粗糙，柔软或是坚硬）信息的这类感受器叫"触觉感受器"。脸部和手部的触觉最敏感，因为这些区域布满了触觉感受器，比如指尖上，每平方厘米就包含着150多个这样的感受器。像背部和上臂这样的地方就不那么敏感，因为这些部位触觉感受器分布得比较稀疏。

疼痛感受器在皮肤以下更深的位置，它能够感觉到持续时间更长的、更重些的接触。疼痛感受器非常重要，因为它会警告你身体里出了问题，或者皮肤受到的伤害。

皮肤触觉感受器接触机械刺激产生的感觉，称为触觉。皮肤表面散布着触点，触点的大小不尽相同，分布不规则。一般情况下指腹触点最多，其次是头部，背部和小腿的触点最少，所以指腹的触觉最灵敏，小腿和背部的触觉则比较迟钝。若用纤细的毛轻触皮肤表面时，只当某些特殊的点被触及时，才能引起触觉。

（二）触觉的结构

皮肤深层存在触觉小体，椎体里存在敏感的神经细胞，当神经细胞感受到触摸带来的压迫，就会马上发出一个微小的电流信号，电流信号就会随神经纤维到达大脑，这样就能感受到这次触摸，大脑可以马上分辨出触摸的程度以及信号的位置。正常皮肤内感知触觉的特殊感受器有3种，包括迈斯纳小体、梅克尔触盘和Pinkus小体。触觉的感受器在有毛的皮肤中就是毛发感受器，在无毛发的皮肤中主要是迈斯纳小体。

感觉是如此，作为"感觉的感觉"的触觉更是如此。仅就字面上来说，"触觉"一词既有感觉义，又同时具有"接触""触动""触摸""触碰""触及"等行动义。这种一语双关当然也体现在我们实际的触觉经验上。正如学者胡塞尔指出的那样，如果在运动中我触碰了某物，那么触感就直接在触碰者手表面获得了定位。也正如学者梅洛-庞蒂指出的那样，有触觉现象，有所谓的触觉性质，如粗糙和光滑，如果没有探索运动，触觉性质就完全消失。运动和时间不仅仅是能认识触觉的一个客观条件，也是触觉材料的一种现象成分。运动和时间能使触觉现象成形，就像光线能显示一个可见表面的形状。光滑不是相同压力的结果，而是一个表面利用我们的触觉探索的时间、调整我们的手的运动的方式。可以看出，这些观点恰与后来学者南希所谓"触觉发生的前提是触摸的动作"这一说法不谋而合。从这种触觉与运动的相关性出发，在知觉现象学里，梅洛-庞蒂解释了"盲打"的现象，即一个会敲字的人无须认知键盘上的每一个字母。在他看来，这种现象之所以成为可能，就在于一旦我们把打字作为一种解决任务的身体意向的行为，那么打字的键盘就会成为我自身身体的延伸，于是，正如我们无须寻找、不假思索地就会触摸到身体的任何之处那样，我们同样无须寻找、不假思索地就会触及任何字母在键盘上的位置。实际上，在我们的现实生活中，这种触觉与行动相关的例子可以说不胜枚举。例如，只有通过掂量物体的行动，我们才能有物体轻重的触觉；只有脱下厚厚的衣服，我们才能有空气冷暖的触觉；只有在对刀斧的使用中，我们才能有对刀斧利钝的触觉；只有在跌倒或冲撞之时，我们才能有身体疼痛的触感；只有尝一口食物，我们才能有味觉这一"口腔内的触觉"。以至于我们通常所说的"在游泳中学习游泳"，实际上也只是在获得游泳运动所伴随的种种触觉的感受和领会。这些触觉包括身体在水中沉浮的触觉，身体滑动快慢的触觉，身体在拨水、蹬水、剪水等活动中所感受到的阻力或推力等触觉。

由此可以得出，身体活动越多的部分其触觉能力越突出，并基于这一点，使作为"最为勤快的器官"的手在触觉能力的把握上最为突出。早在亚里士多德时期，手就因其特别得以眷顾。将手称为"器官之器官"。后至海德格尔哲学的兴起，手又一次被推向哲学的前台，海德格尔视世界为"上手之物"，认为人是通过"上手"的方式与世界打交道。然而，只有随着现代西方哲学身体及身体感知转向的出现，手与触觉特有的内在联系才开始受到哲学家的真正关注。

（三）触觉的功能

触觉具有保护功能，它保护着器官远离机械伤害和辐射损伤，抵挡外界的危险物质。同时，通过触觉，还可以诊断疾病。触觉能使我们的心理保持稳定，身体保持健康。在心理感知层面，触觉可以用来表达安慰、爱意，通过触摸可以辨别情绪。

二、视觉结构与功能

（一）视觉概述

我们的眼睛会把周围的一切信息持续不断地提供给我们。它们会将信息沿着神经传递到大脑中，从而让我们能够看见远近的物体、颜色、形状和运动。眼睛里有一道防护栏，强健的头骨能保护它们免受伤害。在眼睛后面还有脂肪组织，眉毛阻止汗水滴入眼睛，眼睫毛防止尘埃颗粒进入眼睛。眨眼时，眼睛内抗细菌的眼泪会清洗眼睛。如果有脏东西进入眼睛，眼睛就会自动流出眼泪将脏东西清洗干净。

眼球膜有三层结构。粗糙的外层（巩膜）——在眼前能够看见，就是所谓的"眼白"，它是眼睛的保护层。中间层（脉络膜）含有血管，能为眼睛提供氧和营养。最内层（视网膜）由细胞组成，能够探测到光线和颜色。

眼睛内那稍微有些膨胀的圆形"窗户"是角膜。它上面覆盖着一层被称为结膜的薄薄的保护层。有色的部分被称为虹膜，虹膜中心部位被称为瞳孔，瞳孔能够让光线进入眼睛。眼睛的晶状体由透明的组织构成，位于瞳孔后面。像水一样的水状体形成了眼睛前面的形状，像果冻一样的被称为玻璃状液的物质形成了眼睛后部的形状。

当我们看某件东西的时候，光线就会进入眼睛。角膜和水晶体会折射光线，于是，光线汇合（聚焦）在眼睛后面视网膜上的光敏感表面。光线形成了与我们看到的成颠倒的图像。角膜沿着视神经将电波信号传递给大脑。大脑对信号做出分析，并将颠倒的图像正确地翻转过来，同时告诉我们看到的是什么。在视神经与角膜的连接点上，眼睛还有一个盲点，盲点对视力是没有用处的，因为它不能探测到光线。一般来说，我们注意不到盲点，因为一只眼睛看不到的，会由另一只眼睛来弥补。

当我们的眼睛在近距离物体和远距离物体之间交换时，眼睛会自动调整焦距。如果物体距离很近，眼睛里的肌肉就会使晶状体成曲形，这样能折射更多的光线，并将它们聚焦在角膜上。如果我们看远处的物体，眼睛内的肌肉就会将晶状体拉平，于是，折射的光线就会比较少，同时，光线也能投射到正确的眼睛位置上。随着人们年龄的增加，眼睛中晶状体的弹性会减少，眼睛内的肌肉也会变得虚弱，于是，在近距离物体和远距离物体之间的视野转换也将变得越来越困难。

（二）视觉器官的结构与功能

视觉器官是人和动物利用光的作用感知外界事物的感受器官。光作用于视觉器官，使其感受细胞兴奋，其信息经视觉神经系统加工后便产生视觉。通过视觉，人和动物感知外界物体的大小、明暗、颜色、动静，获得对机体生存具有重要意义的各种信息。视觉是人和动物最重要的感觉。脊椎动物的视觉系统通常包括视网膜、相关的神经通路和神经中枢，以及为实现其功能所必需的各种附属系统。这些附属系统主要包括：眼外肌，可使眼球在各方向上运动；眼的屈光系统（角膜、晶体等），保证外界物体在视网膜上形成清晰的图像。

引起视觉的外周感受器官是眼，视觉器官由含有感光细胞的视网膜和作为附属结构的折光系统等部分组成。人眼的适宜刺激是波长为380～780 nm的电磁波；在这个可见光谱的范围内，人脑通过接收来自视网膜的传入信息，可以分辨出视网膜像的不同亮度和色泽，因而可以看清视野内发光物体与反光物质的轮廓、形状、颜色、大小、远近和表面细节等情况。自然界形形色色的物体以及文字、图形等形象，都是通过视觉系统在人脑中得到反映的。在人脑获得的全部信息中，大约有95%以上来自视觉系统，因而眼无疑是人体最重要的感觉器官之一。

除了控制眼球运动的眼外肌和起保持、营养作用的巩膜、脉络膜等结构外，眼内与视觉传入信息的产生直接有关的功能结构，是位于眼球正中线上的折光系统和位于眼球后部的视网膜。由角膜经房水、晶状体、玻璃体直至视网膜的前表面，都是一些透明而无血管分布的组织，它们构成了眼内的折光系统，使来自眼外的光线发生折射，最后成像在视网膜上。视网膜具有同神经组织类似的复杂结构，其中包含有对光刺激高度敏感的视杆细胞和视锥细胞，能将外界光刺激所包含的视觉信息转变成为电信号，并在视网膜内进行初步处理，最后以视神经纤维的动作电位的形式传向大脑。因此，形容眼的功能：首先要研究眼内折光系统的特性，搞清楚它们怎样能把不同远近的物体成像在视网膜上以及形成清晰物像的；其次要阐明视网膜是怎样对视网膜成像进行换能和编码的。

（三）视觉器官的感光系统

来自外界物体的光线，通过眼内的折光系统在视网膜上形成物像，是视网膜内的感光细胞被刺激的前提条件。视网膜像还有一个物理范畴内的内像，用几何光学的原理可以较容易地对它加以说明：和外界物体通过照相机中的透镜组在底片上形成的物像并无原则上的区别；但视觉系统最后在主观意识上形成的"像"，则是属于意识或心理范畴的主观印象，它由来自视网膜的神经信息最终在大脑皮层等中枢结构内形成。作为生理感受器，重点是视网膜怎样把物理像转换成视神经纤维上的神经信号，以及在这些信号的序列和组合中怎样包括了视网膜像，亦即外界物体所提供的信息内容。应该指出，视觉研究的进展虽然较快，但仍处在初步阶段。

三、听觉结构与功能

（一）听觉的定义

近一个世纪以来，科技迅猛发展，极大地影响了人们的生活。听觉系统是听力感觉的知觉系统。它主要受自主神经支配。

语音和音频信号处理是声信号处理的一个重要分支，其最终结果是要用人耳去听。因而，基于听觉的声学现象和原理被深入研究并广泛应用于日常生活中，其中最值得一提的是人耳掩蔽效应。人们现在能够以极低廉的价格进行全球通信，也能以极小的体积和成本享受随身携带的高品质音乐，除了信号处理理论和技术的发展外，还精确地测量了人耳的掩蔽特性，将数字量化噪声尽可能被语音或音乐信号所掩蔽，使语音或音频信号的数码率压缩40倍甚至更多，而人们感觉不出语音或音乐信号有什么畸变。可见人类听觉器官是多么的精细和奇妙，它的听觉生理原理和心理现象完全可以为我们所用并造福人类。

听觉的生理和心理现象内容较广，包括人耳对语音感知和理解的一些有用的特点，如"掩蔽效应""声强度和听觉主观响度关系""双耳效应""听觉心理声学"等。语音信号处理和音频信号处理是两个专门的学科分支，内容很多。人耳和人体的其他器官一样，是一个十分复杂而又精妙的器官，且有别于其他器官，因为人耳的听觉感知还涉及大脑对耳部接收信息的分析、理解等更为深层次的机理。这些研究工作因为需要人体实验，目前报道的研究结果很少。

（二）听觉的结构

耳朵被分成了三部分——外耳、中耳和内耳。

外耳是由耳郭和耳道构成的。耳郭是位于我们脑袋侧面的一块皮肤和软骨。耳垢（耳屎）和具有过滤作用的细毛是耳内的防卫机制，它们布满耳道，能防止像尘埃和小昆虫这样的有害物进入耳朵。

耳道通向中耳。中耳由鼓膜、三块听小骨和前庭窗组成。鼓膜是一层薄面紧凑的肌肉皮肤层，前庭窗也是一层皮肤层。耳咽管连接着中耳和鼻子，它的作用是平衡鼓膜两侧的气压。在高海拔地区，当我们的耳朵"跳动"时，尤其可以感觉到这一点,因此,耳咽管可以自由振动。

内耳中有三个半规管,以及像蜗牛一样的,充满水的耳蜗。半规管能够帮助我们保持平衡。耳蜗里面有细毛,它们是很重要的听力接收器。

我们的耳郭就像一个向外展开的喇叭,能够收集在空气中传播的音波。这些音波通过耳道,到达鼓膜并使鼓膜振动,鼓膜又使听小骨振动。听小骨会提高振动的力度,并通过前庭窗将它们传递出去。当振动到达内耳后,耳蜗中的液体和细毛会因振动而运动。细毛将振动转换成声音信号,并将声音信号沿着神经传递到大脑。

我们的大脑会对信号进行解码,并告诉我们听到的是什么。它还能够告诉我们声音的高低(音高),以及声音的强弱(音量)。音高依赖于音波的频率,音量依赖于它们的强度。

(三)听觉的功能与客观信号之间的关系

听觉器官是感受声波的装置。借助听觉器官,动物能够获得远距离的信息,借以交往、寻偶、躲避敌害、捕捉猎物,因而对生命活动具有重要意义。耳是人和动物利用声波的作用感知外界事物的感受器官。声波作用于听觉器官,使其感受细胞兴奋并引起听神经的冲动发放传入信息,经各级听觉中枢分析后便产生听觉。高等脊椎动物的听觉分析极其精细,它能准确地反映声音参数的各种变化。

1. 外耳郭和外耳道的集音作用和共鸣腔作用

外耳由耳郭和外耳道组成。人耳耳郭的运动能力已经退化,但前方和侧方来的声音可直接进入外耳道,且耳郭的形状有利于声波能量的聚集,引起较强的鼓膜振动;同样的声音如来自耳郭后方,则可被耳郭遮挡,音感较弱。因此,稍稍转动头的位置,根据这时两耳声音强弱的轻微变化,可以判断音源的位置。

2. 鼓膜和中耳听骨链增压效应

中耳包括鼓膜、鼓室、听骨链、中耳小肌和咽鼓管等主要结构,利用鼓膜、听骨链和内耳前庭窗之间的关系,可构成声音由外耳传向耳蜗的最有效通路。声波到达鼓膜处时,以空气为振动介质;声波由鼓膜经听骨链到达前庭窗膜时,振动介质变为固相的生物组织。由于不同介质的声阻抗不同,理论上当振动在这些介质之间传递时,能量衰减极大,估计可达99%或更多。但由于由鼓膜到前庭窗膜之间的传递系统的特殊力学特性,振动经中耳传递时发生了增压效应,补偿了由声阻抗不同造成的能量耗损。

鼓膜呈椭圆形，面积为 50～90 mm²，厚度约 0.1 mm。它不是一个平面膜，而是呈顶点朝向中耳的漏斗形。其内侧连接锤骨柄，后者位于鼓膜的纤维层和黏膜层之间，自前上方向下，终止于鼓膜中心处。鼓膜很像电话机受话器中的振膜，是一个压力承受装置，具有较好的频率响应和较小的失真度，而且它的形状有利于把振动传递给位于漏斗尖顶处的锤骨柄。据观察，当频率在 2400 Hz 以下的声波作用于鼓膜时，鼓膜都可以复制外加振动的频率，而且鼓膜的振动与声波振动同始同终，很少有残余振动。

听骨链由锤骨、镫骨及砧骨依次连接而成。锤骨柄附着于鼓膜，镫骨脚板和前庭窗膜相接，砧骨居中，将锤骨和镫骨连接起来，使三块听小骨形成一个两壁之间呈固定角度的杠杆。锤骨柄为长臂，砧骨长突为短臂。该杠杆系统的特点是支点刚好在整个听骨链的重心上，因而在能量传递过程中惰性最小，效率最高。鼓膜振动时，如锤骨柄内移，则砧骨的长突和镫骨亦和锤骨柄做同方向的内移。

3. 咽鼓管的功能

咽鼓管亦称耳咽管，它连通鼓室和鼻咽部，这就使鼓室内空气和大气相通，因而通过咽鼓管，可以平衡鼓室内空气和大气压之间有可能出现的压力差，这对于维持鼓膜的正常位置、形状和振动性能有重要意义。咽鼓管阻塞时，鼓室气体将被吸收，使鼓室内压力下降，引起鼓膜内陷。暂时的鼓膜内外压力差，常发生的是外耳道内压力首先发生改变而鼓室内压力仍处于原初的状态，如飞机的突然升降、潜水等，此时如果不能通过咽鼓管使鼓室内压力、外耳道压力（或大气压）取得平衡，就会在鼓膜两侧出现巨大的压力差。据观察，这个压力差如达到 9.33～10.76 kPa（70～81 mmHg），将会引起鼓膜强烈疼痛；压力差超过 24 kPa（180 mmHg）时，可能造成鼓膜破裂。咽鼓管在正常情况下其鼻咽部开口常处于闭合状态，在吞咽、打呵欠或喷嚏时由于腭帆张肌等肌肉的收缩，可使管口暂时开放，有利于气压平衡。

四、味觉结构与功能

（一）味觉的概述

味觉是指食物在人的口腔内对味觉器官化学感受系统的刺激并产生的一种感觉。最基本的味觉有甜、咸、酸、苦四种，我们平常尝到的各种味道，都是这四种味觉混合的结果。舌面的不同部位对这四种基本味觉刺激的感受性是不同的，舌尖对甜、舌边前部对咸、舌边后部对酸、舌根对苦最敏感。

味觉感受器是一簇簇非常微小的细胞,叫作"味蕾"。人大概有 1 万个味蕾,大部分集中在舌头上,还有一部分覆盖在两颊的内表面、上颚和喉咙的上部。它们对四种味道(甜、咸、酸、苦)非常敏感。我们吃的每一种东西的味道都由它们中的一种或者几种组合而成的。比如,糖是甜的,咖啡是苦的,柚子带点酸又带点苦。舌头上特定的部位对特定的味道更敏感——舌尖和舌头中部对糖和盐的感觉比较敏感;舌头两侧对酸味特别敏感,舌头后部对苦味反应最敏感。

享受美食光靠味觉肯定不够:温度感受器能让人们享受冰激凌的冰爽和汤的腾腾热气;触觉感受器让人们感觉到苹果的香脆和果冻的韧性;嗅觉是最重要的因素,实际上,食物 80% 的滋味是从气味上来的。这就是为什么当人们得了感冒而嗅觉不灵时,再美味的东西吃起来都淡而无味的原因。

(二)味觉的生理机能

味觉产生的过程是呈味物质刺激口腔内的味觉感受体,然后通过一个收集和传递信息的神经感觉系统传导到大脑的味觉中枢,最后通过大脑的综合神经中枢系统的分析产生味觉。不同的味觉产生有不同的味觉感受体,味觉感受体与呈味物质之间的作用力也不相同。

口腔内感受味觉的主要是味蕾,其次是自由神经末梢,婴儿有 10000 个味蕾,成人几千个,味蕾数量随年龄的增大而减少,对呈味物质的敏感性也逐渐降低。味蕾大部分分布在舌头表面的乳状突起中,尤其是舌黏膜皱褶处的乳状突起中最密集。味蕾一般由 40～150 个味觉细胞构成,10～14 天更换一次。味觉细胞表面有许多味觉感受分子,不同物质能与不同的味觉感受分子结合而呈现不同的味道。人的味觉从呈味物质刺激到感受到滋味仅需 1.5～4.0 ms,比视觉的 13～45 ms、听觉的 1.27～21.5 ms、触觉的 2.4～8.9 ms 都快。

舌前 2/3 味觉感受器所接受的刺激,经面神经鼓索传递;舌后 1/3 的味觉由舌咽神经传递;舌后 1/3 的中部,软腭、咽和会厌味觉感受器所接受的刺激由迷走神经传递。味觉经面神经、舌神经和迷走神经的轴突进入脑干后终于孤束核,更换神经细胞,再经丘脑到达岛盖部的味觉区。

(三)味觉的生理功能

味觉系统是一个神经丰富的味觉交叉网,味蕾所感受到的味觉可分为甜、咸、酸、苦四种。在中枢神经内,把感觉综合起来,特别是有嗅觉参与,就能产生多种多样的复合感觉,如涩、辣等是由这四种味觉融合而成的。人吃东西时,通过咀嚼和舌、唾液的搅拌，味蕾受到不同味道物质的刺激，将信息由味神经传送到大脑味觉中枢，便产生味觉，品尝出饭菜的滋味，使我们得以体验到中外名菜的千百种味道。不同的味觉对人的生命活动起着信号的作用：甜味是需要补充热量的信号；酸味是新陈代谢加速和食物变质的信号；咸味是帮助保持体液平衡的信号；苦味是保护人体不受有害物质危害的信号；而鲜味则是蛋白质来源的信号。

五、嗅觉结构与功能

（一）嗅觉的概述

嗅觉是一种感觉。它由两个感觉系统参与，即嗅神经系统和鼻三叉神经系统。嗅觉和味觉会整合和互相作用，嗅觉是外激素通信实现的前提。嗅觉是一种远感，意思是说，它是通过长距离感受化学刺激的感觉。相比之下，味觉是一种近感。

气味是悬浮在空气中的多种化学物质的合成物。你吸气时，它随着空气经过你鼻腔里的嗅觉区域，在这里，潮湿的黏膜覆盖着神经末梢，化学物质刺激神经末梢把信息传给大脑，这就产生了嗅觉。

当鼻子用力吸气，或者气味由某种潮湿温热的东西发出来时，气味最强烈。一次长时间的充分吸气会吸进更多的空气，所以也会有更多的气味被吸进鼻腔。一杯热腾腾的巧克力饮品比一块固体的巧克力更香，因为蒸气会向空气中释放出更多的巧克力气味。

（二）嗅觉的生理机能

嗅觉感受器位于鼻腔顶部，叫作嗅黏膜，这里的嗅细胞受到某些挥发性物质的刺激就会产生神经冲动，冲动沿嗅神经传入大脑皮层而引起嗅觉。它们所处的位置不是呼吸气体流通的通路，而是被鼻甲的隆起掩护着。带有气味的空气只能以回旋式气流的形式接触到嗅感受器，所以慢性鼻炎引起的鼻甲肥厚常会影响气流接触嗅感受器，造成嗅觉功能障碍。

嗅觉是由物体发散于空气中的物质微粒作用于鼻腔上的感受细胞而引起的。在鼻腔上鼻道内有嗅上皮，嗅上皮中的嗅细胞是嗅觉器官的外周感受器。嗅细胞的黏膜表面带有纤毛，可以同有气味的物质相接触。每种嗅细胞的内端延续成为神经纤维，嗅分析器皮层部分位于额叶区。嗅觉的刺激物必须是气体物质，只有挥发性有味物质的分子，才能成为嗅觉细胞的刺激物。人类嗅觉的敏感度是很大的，通常用嗅觉阈来测定。所谓嗅觉阈就是能够引起嗅觉的有气味物质的最小浓度。用人造麝香的气味测定人的嗅觉时，在 1 L 空气中含有 5×10^{-10} mg 的麝香便可以嗅到；采用硫醇时，1 L 空气中含 4×10^{-10} mg 这样的微量，人们就可以嗅到。

（三）嗅觉的生理功能

最近一系列的研究发现，人类也有异常灵敏的嗅觉，并且在不知不觉中对我们的生活产生很大的影响。细微的气味能在不为我们察觉的情况下影响我们的心情、行为以及决定。自己身上散发出的气味则能表现自己恐惧或悲伤等的情绪。问题是为何我们对嗅觉的作用毫无察觉呢？相比于看起来似乎更加重要的视觉和听觉，嗅觉从来就不是人类感觉研究的首选对象，直到最近，嗅觉才获得足够的重视。纽约州立大学石溪分校从事神经生物学研究的帕罗迪（Parodi）表示，长久以来，人们有个很大的误区，即认为相比于其他哺乳类动物，嗅觉对人类的影响并不显著。这个误区始于 19 世纪一位重要的解剖学家布罗卡（Broca）。他通过比较不同动物大脑中控制嗅觉的部分占整个大脑的比例，将哺乳类动物分为两类：一类是嗅觉发达型，如狗，它们能通过灵敏的嗅觉感知外部世界；第二类是嗅觉不发达型，如人类、其他灵长类动物及海生哺乳动物，这些动物的嗅觉组织在大小和功能上都相形见绌。最近的遗传学研究似乎也证实了布罗卡的观点，研究发现，大多数哺乳类动物的基因中存在能产生 1000 多种不同气味感受器的编码，其中大多数编码在人类的基因中并不存在。人类的基因只能编码产生 400 多种气味感受器。

但更多的研究发现人们之前可能存在误解。最近科学家们通过大脑扫描发现，人类大脑中感知嗅觉的部分实际上多于布罗卡在 100 多年前通过解剖得出的区域。耶鲁大学的格里尔（Greer）表示，尽管人类的气味感受器数量上比其他的哺乳类要少，但人的鼻子和大脑之间的联系却异常活跃。和其他哺乳类动物相比，人类的每组气味感受器连接的神经更多，就是说，我们的气味处理能力更加强大。

随着更多研究的深入，科学家们发现人类的鼻子远比我们想象中的灵敏。一项实验表明，某些化学试剂即使在水中被稀释了 10 亿倍，依然可以被人类的鼻子侦测出来。这相当于将几滴乙硫醇之类有浓烈气味的化学试剂滴入水立方的泳池中，而我们依然能闻到它的气味。人类还拥有超强的分辨气味的能力，即使是某些镜像对称的手性分子，我们也能分辨。

另外，大脑中的嗅觉中心与大脑边缘系统有着极为密切的联系。由于大脑边缘系统控制情感、恐惧和记忆，因此可以推测，气味能影响我们的思考，影响我们的思维。房地产商早已熟知如何用气味来吸引客户，如在房间里烤面包或是煮咖啡让客户感受到家的气味，从而帮助房子的销售。还有研究发现气味能影响人的认知能力。北卡罗来纳大学威尔明顿分校的奥弗曼（Overman）和他的同事进行了一项研究，在参与者进行一项决策能力测试时，在空气中加入一种新的气味。结果发现，不管是好闻的还是难闻的气味，参与者的测试成绩都会大幅下降。研究人员推断这是因为气味会刺激大脑的情感区，使人变得更加感性而非理性。气味还可能影响视觉，或是巩固我们的记忆。

第三节　人类对高级智慧的理解

一、语言的形成

语言是怎样起源的？这是一个复杂而困难的问题。两三百万年前的原始人怎么说话，一点痕迹也没有留下来。一般认为语言在劳动中产生，而且劳动又使人的手势器官和语言器官不断改进，为手势语和有声语的产生创造了条件。

最早的人类语言并不是现在的分节语，可能是原始的手势语和呼叫语。

猿人的手能做简单的手势，猿人喉咙能发出简单的声音；当猿人变成原始人（进入人属）之后，原始人类继承了用手势和声音来交流信息这个遗产，并逐步产生了呼叫语，刚开始可能是手势语和呼叫语混用，后来随着人类发音器官的不断改善和大脑的不断发展，手势语逐渐被有声呼叫语所代替；再后来原始语言逐渐从呼叫语过渡到词，再由词过渡到分音节的句子。所以语言是在漫长的人类发展时期逐渐创造和发展完善的。

二、思维的形式

思维形式，即思维达成实现的形式。概念、判断、推理、证明是不同的思维形式。具有不同结构的判断形式、推理形式、证明形式也是不同的思维形式。在具体思维中，思维形式和思维内容总是结合在一起的，既不存在没有思维形式的思维内容，也不存在没有思维内容的思维形式。但是思维形式相对于思维内容具有独立性，所以逻辑学可以单独把思维形式作为研究对象。

形象思维、逻辑思维、灵感思维是三种普遍的思维形式。具体人的思维，不可能限于哪一种形式。解决一个问题，做一项工作或某个思维过程，至少是两种思维形式并用。两种思维形式一般指抽象思维和形象思维。

思维的逻辑就是思维的规律和规则。狭义上逻辑既指思维的规律，也指研究思维规律的学科（逻辑学）。广义上逻辑泛指规律，包括思维规律和客观规律。逻辑包括形式逻辑与辩证逻辑。形式逻辑包括归纳逻辑与演绎逻辑，辩证逻辑包括矛盾逻辑与对称逻辑。对称逻辑是人的整体思维（包括抽象思维与具象思维）的逻辑。

三、艺术和哲学

（一）艺术

艺术可以是宏观概念也可以是个体现象，是通过捕捉与挖掘、感受与分析、整合与运用（形体的组合过程、生物的生命过程、故事的发展过程），通过感受（看、听、嗅、触碰）得到的形式展示出来的阶段性结果。表达形式的方式有语言、声音、文字、绘画、眼神、呼吸、肢体等。

（二）哲学

哲学是对基本和普遍问题的研究，按其原语词源有"爱智慧"之意。哲学是有严密逻辑系统的宇宙观，它研究宇宙的性质、宇宙内万事万物演化的总规律、人在宇宙中的位置等一些很基本的问题。

哲学就是元知识元理学，即所谓大道至简。哲学的任务就是对现实世界进行元理层面的把握，把多综合为一或把一区分为多，一和多都是元理。元理也要清晰表达、系统构造，这样的元理系统才适用于阐释世界或指导实践。哲学是元理，科学是原理、方法、事实，元理与原理的划分并非绝对，实用依据可以是：元理是需要时刻记着即时可用的元初理论，原理是可以查工具书利用的基础理论。

四、情感与行为

（一）情感

情感是态度这一整体中的一部分，它与态度中的内向感受、意向具有协调一致性，是态度在生理上一种较复杂而又稳定的生理评价和体验。情感包括道德感和价值感两个方面，具体表现为爱情、幸福、仇恨、厌恶、美感等。

情感是人对客观事物是否满足自己的需要而产生的态度体验。同时一般的普通心理学课程中还认为："情绪和情感都是人对客观事物所持的态度体验，只是情绪更倾向于个体基本需求欲望上的态度体验，而情感则更倾向于社会需求欲望上的态度体验。"但实际上，这一结论一方面将大家公认的幸福、美感、喜爱等较具有个人化而缺少社会性的感受排斥在情感之外，另一方面又显然忽视了情绪感受上的喜、怒、忧、思、悲、恐、惊和社会性情感感受上的爱情、友谊、爱国主义情感在行为过程中具有的交叉现象。例如，一个人在追求爱情这一社会性的情感过程中随着行为过程的变化同样也会有各种各样的情绪感受，而爱情感受的稳定性和情绪感受的不稳定性又显然表明了爱情和相关情绪是有区别的。基于这两点，将情感和情绪与基本需要、社会需求相区别，或者是将情感和情绪这两者混为一谈显然都是不合适的。

（二）行为

1. 行为的心理学定义

在心理学层面上行为是有机体在各种内外部刺激影响下产生的活动。不同心理学分支学科研究的角度有所不同。生理心理学主要从激素和神经的角度研究有机体行为的生理机制；认知心理学主要从信息加工的角度研究有机体行为的心理机制；社会心理学则从人际交互的角度研究有机体行为和群体行为的心理机制。心理学研究的不同时期，对行为有不同的理解。20世纪上半叶，行为主义心理学派指人与动物对刺激所做的是一切可以观察和测量到的反应，并试图用"刺激-反应"公式加以描述。人的内部心理活动也被视为一种特殊的语言行为。20世纪60年代后，大多数心理学家将内部心理活动与外显行为区别开来，试图从信息加工的角度描述心理活动的状态和过程，以此解释各种外显行为发生和发展的规律。认知心理学已能解释人的大部分以后天习得为主的智能行为，这些行为涉及问题解决、学习、决策以及直觉等许多方面；那些以先天遗传为主的本能行为，则在生理心理学中得到较为合理的解释。

2. 行为的社会学定义

在社会学意义上，行为是人类或动物在生活中表现出来的生活态度及具体的生活方式，它是在一定的条件下，不同的个人、动物或群体表现出来的基本特征或对内外环境因素刺激所做出的能动反应。

人类行为是人类在生活中表现出来的生活态度及具体的生活方式，它是在一定的物质条件下，不同的个人或群体在社会文化制度、个人价值观念的影响下，在生活中表现出来的基本特征或对内外环境因素刺激所做出的能动反应。人的行为可分为外显行为和内在行为：外显行为是可以被他人直接观察到的行为，如言谈举止；内在行为则是不能被他人直接观察到的行为，如意识、思维活动等，即通常所说的心理活动。一般情况下，可以通过观察人的外显行为，进一步推测其内在行为。

第三章 人体行为与智能机器人的研究意义

人工智能的不断发展完善，日益增强了人们对机器人可能引发的伦理问题的担忧。仿真机器人的人道主义待遇问题、机器人过错的道德责任问题，以及机器人情感化的社会关系问题等成为机器人研发应用领域的伦理热点。人作为机器人的设计研发者，其初衷是更好地协助服务于人，而任何技术的产生发展都有两面性，在带来良好发展机遇的同时必然有挑战随之而来。本章分为人体行为、人体行为的仿真、智能机器人的研究意义三部分，主要包括神经系统、人体运动、人的情绪、仿真机器人的研制、行为的深度学习等方面的内容。

第一节 人体行为

一、神经系统

（一）神经系统概述

神经系统是机体内起主导作用的系统。内、外环境的各种信息，被感受器接收后，通过周围神经传递到脑和脊髓的各级中枢进行整合，再经周围神经控制和调节机体各系统器官的活动，以维持机体与内、外界环境的相对平衡。

神经系统由脑、脊髓以及附于脑脊髓的周围神经组织组成。神经系统是人体结构和功能最复杂的系统，由神经细胞组成，在体内起主导作用。

神经系统分为中枢神经系统和周围神经系统。中枢神经系统包括脑和脊髓，周围神经系统包括脑神经、脊神经和内脏神经。神经系统的作用是控制和调节其他系统的活动，维持机体与外环境的统一。

（二）神经系统的分类

1. 中枢神经系统

中枢神经系统由脑和脊髓所组成。在整个中枢神经系统中，脑是神经系统的一个主要部分，负责所有的高级功能。对个体行为而言，几乎所有的学习、思维、知觉、意识、记忆、运动的发动等复杂活动都与脑神经有密切的关系。脊髓的功能主要有三个：脊髓内有些回路专门负责节律性动作（如抓握和行走）；负责许多反射活动；为自周围感受器向脑内的感觉信息传入和自脑传向肌肉的运动信息传出提供通路。

埃德尔曼从功能的角度把脑分成三个部分：丘脑－皮层系统、皮层－皮层附器回路和弥散投射系统。丘脑－皮层系统包括丘脑和大脑皮层，感觉输入大多首先进入丘脑，然后再投射到大脑皮层。丘脑－皮层系统可以分成几百个功能上有特异性的丘脑皮层区，每个区域中都有几百万个神经细胞群。这几百万个神经细胞群由大量的会聚或发散的交互联结联系起来，这使得它们在保持局部的功能特异性的同时，又共同形成了一个统一的、内部联系紧密的网络。在网络的任何一个部分中所发生的某个扰动，很快在其他各处也可感觉得到。丘脑－皮层网络的组织看来非常适合把大量的有特殊功能的部分整合起来，产生一个统一的反应，埃德尔曼把这种极其广泛的交互联结称为"复馈"。皮层－皮层附器主要指的是小脑、基底神经节和海马。小脑接收来自皮层的输入，然后通过大量的突触交换投射回丘脑，然后通过丘脑再回来皮层。在形态位置上，小脑应与脑干处于同一个层次，弥散投射系统从脑干和下丘脑的一些特殊核团中的少量神经细胞处出来，弥散性地投射到脑的广大区域，并由此影响到几十亿个突触。

传入神经纤维在其分布于体内和体表的各类器官、组织的神经末梢上延伸着各类感受器，它们能把接收到的外界和体内的信息传入中枢神经，所以，传入神经纤维又被称为感觉神经纤维；而传出神经纤维能把中枢神经发出的各类信息指令传达到相应部位，以产生特定的运动，所以，传出神经纤维又称为运动神经纤维。这两种神经纤维分别或混合组成感觉神经、运动神经和混合神经。

2. 周围神经系统

周围神经系统是由各类神经纤维束组成的沟通中枢神经和人体各部的神经通路。一条神经包括的神经纤维少到十几根，多到几百甚至上千、上万根。周围神经系统包括脑神经、脊神经和自主神经系统。

与脑相连的神经称脑神经，它自颅腔穿过颅底的孔、裂、管出颅，共12对。其主要分布于头面部，主要与和头面部有关的感觉及运动系统有关，人能看到事物、听见声音、闻出香臭、尝出滋味以及有喜怒哀乐的表情等都必须依靠这12对脑神经的功能。

与脊髓相连的神经称为脊神经，经由脊髓出发，共31对。它主要用来支配身体和四肢的感觉、运动和反射。脊神经是混合神经，其感觉纤维始于脊神经节的假单极神经细胞。人类除胸神经前支保持着明显的节段性外，其余脊神经的前支则交织成丛，然后再分支分布。

自主神经系统的活动也要受到大脑的控制。机体受到交感神经和副交感神经的双重控制，当机体处于紧张状态时，交感神经活动起主要作用。交感神经系统起源于胸脊髓和腰脊髓，接收脊髓、延髓及中脑各中枢发出的冲动，受中枢神经系统的管制，不能自主，只是不受个体意志支配而已。其主要功能为兴奋各内脏器官、腺体以及其他有关器官等，主要用来保证人体紧张状态时的生理需要，唯有对唾液的分泌是抑制的。例如，当其兴奋时能使心跳加速、血压升高、呼吸量增大、瞳孔放大以及促进肾上腺的分泌等。副交感神经系统的主要功能与交感神经相反，因而对交感神经产生一种对抗作用，它虽不像交感神经系统那样具有明显的一致性，但也有相当关系。副交感神经系统可保持身体在安静状态下的生理平衡，其主要功能有三个：心跳减慢、血压降低、支气管缩小，以节省不必要的消耗；瞳孔缩小以减少刺激，促进肝糖原的生成，以储蓄能量；增进胃肠的活动，促进人小便的排出，保持身体的能量。人体在正常情况下，功能相反的交感神经系统和副交感神经系统同时活动并处于相互平衡制约中，从而实现对机体的精确控制。当一方起正作用时，另一方则起副作用，能很好地平衡、协调和控制身体的生理活动。两者的作用虽然是对立的，但两者又是相辅相成的，从而组成了一个配合默契的有机整体。

二、人体运动

（一）人体运动的种类

1. 角度运动

角度运动包括弯曲和伸展。弯曲运动是指身体某个部分的运动使其邻近两骨的角度减少的运动；伸展运动是与弯曲运动方向相反进行的运动，伸展运动使邻近两骨的角度增加。例如，膝关节和肩部的弯曲运动和伸展运动。

2. 旋转运动

骨绕垂直轴的运动叫作旋转运动，如大腿和踝关节的旋转运动。

3. 环转运动

环转运动是指整根骨头绕骨的一个端点，并与骨成一定角度的轴做旋转运动，运动的轨迹有点像一个圆锥体的图形。

（二）关节活动域

人体运动的范围通常受两个因素的影响：人的尺寸和关节活动的范围。关节活动的范围也称关节活动域。关节活动的范围通常用关节运动的角度来表现。关节活动的范围受关节的结构、关节附近的肌肉组织的情况、关节附近肌肉、韧带的弹性等因素的影响，不同的关节活动范围不同。其中韧带除了具有连接两骨和加强关节稳固性外，还具有限制关节运动的作用。

三、人的情绪

情绪一词我们都很熟悉，它存在于我们生活中的每一天。虽然我们不会经常提到这个词，可是我们却时刻处于情绪所给予的状态中。比如我们会经常问身边的朋友"今天过得怎么样？感觉如何？"他（她）可能会告诉你今天买了一件不错的物品，物品的颜色让他（她）觉得很满意，令他（她）感到愉快，或者他（她）也会说一些今天发生的一些令他（她）快乐或者悲伤或者愤怒以及其他情绪的事。情绪无时无刻不存在于我们的生活中。当我们送别人礼物时，我们会因为他的微笑而感到满足；当我们将辛苦一天的工作呈到上司面前时，会因为他（她）的一个蹙眉而感到失落；备受关注的奥运赛事，每一场赛事结束后，我们往往比较关注运动员获胜或失败的感受。我们生活在情绪氛围中，我们关注他人的情绪，同时也分享着他们的感受，可以说情绪始终反映着我们的生活状态。

情绪作为心理学的重要组成部分，近年来受到越来越多人的关注，尤其是情绪对人们理性认知活动的影响已经成为决策性研究领域的热点。

那么什么是情绪呢？首先"emotion"（情绪）这个术语来自拉丁文"e"（外）和"motion"（动），意思是从一个地方向外移动到另一个地方。从字面上看它反映了一种活动。在文字学中，它用来描述许多领域的"动"的现象。例如，在物理学上描述为"雷……引起空气的'emotion'（流动）"，震动一词也用"emotion"。在物理学上使用的这类运用逐渐转移到政治和社会领域，用来表示鼓动、骚动或者动乱。例如，"在伦巴底族人中产生了很大的'emotion'（鼓动和扰动），群众的'emotion'（扰动）是由……引起的"。这意味着，"emotion"的原意是活动、搅动、骚动或者扰动。后来这个词用于个体精神状态的激烈扰动上。例如，满足的快乐一般称为"emotion"。由此可见，在西方传统中（我们必须考虑这个传统），情绪是用来描述一种运动过程的。现在它已经被限定运用在表示精神与社会活动的范畴，而不再在物理学范畴使用。把情绪限定在活动过程上，这就严格界定了它的内涵。同时，情绪是由物质的神经过程所携带的，并且可以被测量。

自美国心理学家威廉·詹姆斯（William James）在1884年写了一篇《什么是情绪》的文章以来，心理学家一直对情绪这一概念进行不断的探讨和研究，但由于这一概念的复杂性，至20世纪90年代人们才对情绪的本质有了一致的看法，认为情绪是一种由客观事物与人的需要相互作用而产生的，包含体验、生理和表情的整合性心理过程，即人脑对客观事物是否符合自己的需要进而产生的态度体验，反映的是客观事物与主体需要之间的关系。例如，"久旱逢甘露"，由于这场甘露符合了让人们的主观需要，则引起人们积极的、肯定的情绪，如满意、愉快等；反之，如"雪上加霜"，显然这违背了人们的主观需要，进而会使人们产生消极不满的情绪，如愤怒、悲伤等。

第二节　人体行为的仿真

一、仿真机器人的研制

仿真机器人是研究人类智能的高级平台。仿真机器人是具有感知、思维和行动功能的机器，是机构学、自动控制、计算机、人工智能、光电技术、传感技术、通信技术、仿真技术等多种学科和技术的综合应用。

仿真机器人作为新一代生产和服务工具，在制造领域和非制造领域占有更广泛、更重要的位置，这对人类开辟新的产业，提高生产与生活水平具有十分现实的意义。它代表着一个国家的高科技发展水平，是目前科技发展最活跃的领域之一。

二、行为的深度学习

尽管人们对除人之外的生物是否具有智能、意识、情感、想象力等命题有着广泛而激烈的争议，但一个显而易见的事实是，要研制出更高智能，甚至媲美人类智能的机器人，就需要不断从生物学中汲取有用的思想、理论、方法。目前受生物启发的行为选择方法主要有人工情感、注意、认知等。

随着技术的发展，人们希望机器人具有类似于人的情感，而不是冷冰冰的一堆机器，因此人工情感也就成为当前机器人研究的一个热门课题，受到了越来越多的研究者的关注。将人工情感应用于机器人，提出了一种名为情感化行为选择的机制，并应用于工作在办公室环境下的机器人中。机器人有三种行为（寻找、探索和玩）以及七种情感状态（厌烦、坚持、挫败、不安、好奇、好玩和感觉兴趣）。七种情感对每种行为起着或激励或抑制的作用，激励值最大的行为将被机器人执行。除此之外，将情感模型用于虚拟人的行为选择上，也取得了不错的效果。

仿生最开始是仿照生物的形体结构的，如机器蟑螂等仿生机器人，只能执行一些简单的任务，并不适用于复杂、多变的环境。

近年来，研究与模拟感觉器官、神经细胞与神经网络以及高级中枢的信息传递等生物体中的信息处理过程和模拟人类情感、认知机制等受到了广大科研工作者的关注。学者塞文（Sevin）通过模拟人类的情感状态对行为选择的影响机制，将其应用于机器人中，使机器人获得了类似人类的情感状态。学者张惠娣通过在移动机器人导航控制系统中引入认知模型和情感模型，使机器人在环境中自主选择需要的行为，取得了理想的效果，然而这并没有涉及其背后的神经结构及协调机制。

神经生理学相关研究表明，基底神经节和大脑皮层在行为学习中有着重要的作用。基底神经节主要由纹状体、丘脑、黑质致密部、内部苍白球和黑质网状部构成。其中纹状体包括纹状小体和基质两部分。各部分通过合适的神经突触调节来完成对行为的学习。

由于基底神经节在行为学习中所起的重要作用，许多研究人员通过相关研究，设计了很多关于基底神经节的计算模型。格尼（Gurmey）采用泄漏积分作为对神经细胞信息处理方式的模拟，同时给权重赋予数值作为神经细胞之间的突触连接，构建了基底神经节的行为选择模型，并通过仿真实验验证了其选择效果。伯恩斯（Berns）等根据神经生理学研究成果，建立了基底神经节的一个关于行为序列学习的系统级数学模型，该模型认为苍白球外核和底丘脑核的信息传递机制在行为序列的学习过程中起着"短时程记忆"的作用，模型采用了泄漏积分形式作为神经细胞的数学模型，结合 Hebb 学习规则，在学习了行为序列之后，可以根据第一个行为来自动执行后续的行为。

2016 年曼内拉（Mannella）等人提出了基于基底神经节的神经系统级计算模型来解决那些大脑机制允许控制使用工具的动作获得奖励的问题。该模型由三部分构成：基底外侧杏仁核和岛叶皮层形成的子系统获取操纵结果并将当前值与结果相关联；三个基底神经节-皮质回路分别选择目标，关联感官表征和行动；皮质-皮质和纹状体-黑质-纹状体神经通路支持基于习惯和目标的动作选择和学习。该模型还代表了可以支持设计和分析关于目标导向行为的动机方面的新实验的框架。2018 年李宗帅和陈静等研究人员基于基底神经节中的突触修饰机理，提出了基底神经节自主认知模型。将该模型模拟斯金纳鸽子实验，实验结果体现了学习的渐进自适应性，在未获得机器人数学模型的情况下使机器人通过操作学习学会了平衡。

第三节 智能机器人的研究意义

一、理论意义

基于智能机器人伦理问题进行分析与探究，对自然科学研究以及哲学社会科学研究有着重大的意义。目前国内的相关研究状况不容乐观。对智能机器人应用中的伦理问题的研究可以减少机器人应用过程中的阻碍，进而推动人的隐私、权利、主体性等相关方面的研究与认知的深化发展，为科技哲学的研究提供新的视角，还可以丰富智能机器人技术研究的哲学理论基础，为智能机器人技术的发展提供理论指导。

二、现实意义

对智能机器人应用中的伦理问题进行研究，能够推动高科技安全合理的使用与推广。为智能机器人技术的可持续发展提供积极有效的发展建议，既能够促进国内智能机器人技术的巨大进步，也能够满足社会以及科学发展观的要求与标准。目前，针对智能机器人最基本的需求就是合理健康发展，同时满足情感道德以及权力的标准，使得机器人和人能够达到和谐发展、相互依存的状态。对智能机器人应用中的伦理问题的研究有利于建设和谐社会，有一定的现实意义。

第四章　智能机器人的发展

人工智能的不断发展，也给智能机器人带来了新的发展机遇。智能机器人的未来发展应该基于现有的信息化，将先进技术与传统行业相结合，使得该行业更加趋向于自动化、数字化、标准化，这不仅顺应时代的发展，同时也是智能机器人发展创新的必经之路。本章分为智能机器人的发展概况、智能机器人的现状分析、智能机器人的发展趋势、智能机器人的应用实例四部分，主要包括智能工业机器人发展概况、国外智能机器人发展现状、智能机器人的总体发展趋势等方面的内容。

第一节　智能机器人的发展概况

一、智能工业机器人发展概况

（一）国外智能工业机器人发展状况

1. 美国智能工业机器人的发展状况

1962年美国成功研制Puma通用示教再现型机器人，标志着机器人走向成熟。经过五十多年的发展，美国已成为世界上的机器人强国之一，基础雄厚、技术先进。现如今，美国有一批具有国际影响力的工业机器人供应商，如爱德普技术（Adept Technology）、美国机器人（American Robot）、艾默生工业自动化（Emerson Industrial Automation）等公司。

Adept公司生产的Adept机器人因其定位精度高、抓取速度快而闻名。除此之外，该公司的产品主要包括Cobra SCARA机器人、Viper六轴机器人、Quattro并联机器人和Python线性模块机器人。

American Robot公司是工业机器人及其控制器和自动化系统的生产商，总部位于美国宾夕法尼亚州匹兹堡。公司的产品线主要包括通用机器人控制器、Merlin 六轴多关节机器人和 Gantry 3000 模块机器人。

2. 日本智能工业机器人的发展状况

日本号称"机器人王国",是全球最大的机器人市场,自 20 世纪 80 年代以来,其机器人的生产、出口和使用方面都居世界榜首。据国际机器人联合会(IFR)估计,全世界工业机器人总量三分之一装置于日本。日系是工业机器人制造的主要派系,其代表有安川电机、发那科公司、川崎公司等国际知名公司。

安川电机以生产研发机器人和超级环保电机著称,是将工业机器人应用到半导体生产领域的最早的厂商之一。其核心的工业机器人产品包括点焊和弧焊机器人、油漆和处理机器人、液晶显示屏(LCD)玻璃板传输机器人和半导体晶片传输机器人等。

发那科公司是世界上最大的机器人制造商之一,其智能工业机器人产品有 R-2000iA 系列多功能智能机器人(具有独特的视觉和压力传感器,可以将随意堆放的工件捡起并完成装配)、Y44CCLDiA 高功率 LD YAG 激光机器人、FANUC Robotics 举重机器人等。

川崎公司生产出了日本第一台工业机器人,该公司生产的喷涂机器人、焊接和组装机器人、半导体工业用机器人也很受市场欢迎。

3. 欧洲部分国家智能工业机器人的发展状况

①瑞典阿西亚布朗勃法瑞(ABB)公司是世界上最大的机器人制造公司。1974 年,该公司研发了全球第一台全电控式工业机器人 IRB6;2009 年,该公司推出六轴机器人 IRB 120,可以应用于电子、食品饮料、制药、医疗等领域。

②瑞士史陶比尔集团创立于 1892 年,是纺织机械、工业连接器和工业机器人这三大领域机电一体化解决方案的专业供应商。到目前为止,史陶比尔公司开发出系列齐全的机器人,包括 SCARA 四轴机器人、六轴机器人以及应用于注塑、喷涂、净室、机床等环境的特殊机器人等。

③德国的库卡机器人集团公司(KUKA Robot Group)是世界领先的智能工业机器人供应厂家之一。该公司提供全套系列的工业机器人和机器人系统,涵盖了所有负载等级和机器人类型。库卡机器人采用模组化构造,可以简便而迅速地进行改装,以适应其他任务的需要。

④意大利柯马(COMAU)公司以提供自动化解决方案的系统集成为优势,

其机器人产品包括 Smart 系列多功能机器人和 Mast 系列龙门焊接机器人，被广泛用于汽车制造、铸造、家具、食品、化工、航天、印刷等行业。

（二）我国智能工业机器人发展状况

我国工业机器人的起步比较晚，开始于 20 世纪 70 年代，大体可以分为四个阶段，即理论研究阶段、样机研发阶段、示范应用阶段和产业化阶段。

从 20 世纪 70 年代开始我国工业机器人进入理论研究阶段。这一阶段主要由高校对机器人基础理论进行研究，在机器人机构学、运动学、动力学、控制理论等方面均取得了可喜的进展。

从 20 世纪 80 年代中期开始我国工业机器人进入样机研发阶段，随着工业机器人在发达国家的大量使用和普及，我国工业机器人的研究得到政府的重视与支持，机器人步入了跨越式发展时期。

20 世纪 90 年代是我国工业机器人示范应用阶段。为了促进高技术发展与国民经济发展的密切衔接，国家确定了特种机器人与工业机器人及其应用工程并重、以应用带动关键技术和基础研究的发展方针。这一阶段共研制出 7 种工业机器人系列产品，并实施了 100 余项机器人应用工程。同时，为了促进国产机器人的产业化，到 20 世纪 90 年代末期共建立了 9 个机器人产业化基地和 7 个科研基地。

进入 21 世纪，我国工业机器人进入了产业化阶段。在这一阶段涌现出以新松机器人公司为代表的多家从事工业机器人生产的企业，自主研制了多种工业机器人，并成功应用于汽车点焊、货物搬运等工作。

经过 50 多年的发展，我国在智能工业机器人基础技术和工程应用上取得了快速发展，奠定了独立自主发展机器人产业的基础。在外企纷纷通过合资企业使得自己更加适合我国市场生态的同时，国内企业也在纷纷抢滩。下面对其中的三家公司进行介绍。

首钢莫托曼机器人有限公司（现更名为安川首钢机器人有限公司）是由首钢集团总公司、日本安川电机公司和日本岩谷产业株式会社共同投资组建的，引进了日本安川电机公司的 UP 系列机器人生产技术生产 "SG-MOTOMAN" 机器人。IA 20 机器人是该公司研发的七轴机器人，此款机器人具有很好的动作灵活性，可以完成各种复杂的动作，适合在狭小的动作空间进行作业，避免了周边环境的干涉。该公司推出的 VS 50 机器人，是一款新型的点焊机器人。

新松机器人公司开发了具有自主知识产权的三十多种机器人产品，包括 RH 6

弧焊机器人、RH 120点焊机器人以及用于水切割、激光加工、排险、浇注等特种机器人，其应用范围主要涵盖点焊、弧焊、搬运、装配、涂胶、喷涂、打磨、抛光、激光加工、切割等各种自动化作业。

唐山松下产业机器有限公司（简称"唐山松下公司"）凭借日本松下公司的先进技术和在焊接领域的丰富经验，机器人事业发展迅速，迄今为止已经向市场提供了300台套机器人系统，广泛应用于汽车、摩托车、机车、工程机械、电力设备、家具制造等多个领域。

二、智能农业机器人发展概况

（一）国外智能农业机器人发展状况

从1983年第一台西红柿采摘机器人在美国诞生以来，采摘机器人的研究和开发已经历了三十多年。国外发达国家相继立项研究用于采摘苹果、柑橘、葡萄等水果的智能机器人。到1997年底，国外开发的一系列果品蔬菜收摘机器人均研制出了样机。

日本的近藤等人研制的番茄收获机器人主要由机械手、末端执行器、视觉传感器、移动机构和控制部分组成。日本的近藤等人研制的双臂黄瓜收获机器人主要采用三菱RV-E2六自由度工业机器人，利用电荷耦合器件（CCD）摄像机并根据黄瓜比其叶茎对红外光的反射率高的原理来识别黄瓜和叶茎。

英国西尔索（Silsoe）研究院研制的蘑菇收获机器人的机械手主要由两个气动移动关节和一个步进电动机驱动的旋转关节组成。其末端执行器是带有软衬垫的吸引器，视觉传感器采用电视摄像头，安装在顶部用来确定蘑菇的位置和大小。

韩国庆北（Kyungpook）大学研制的苹果收获机器人的机械手的工作空间可以达到3 m，具有四自由度，包括三个旋转关节和一个移动关节，它采用三指夹持器作为末端执行器，内有压力传感器避免损伤苹果，利用CCD摄像机和光电传感器识别果实。

日本京都（Kyoto）大学研制出了一个具有五自由度末端执行器、视觉传感器和行走装置的西瓜收获机器人，西瓜生长在地面上，因此机械手由五个旋转关节组成，它能保证机械手的工作空间（包含地面）。日本冈山（Okayama）大学研制的五自由度葡萄收获机器人主要应用于葡萄的培训系统，关节由直流（DC）伺服电动机驱动。

美国普度（Purdue）大学的迈尔斯（Miles）等人研制了甜瓜收获机器人，具有三自由度的伺服电动机控制的操作手，用来收获甜瓜。这类机器人行走装置的倾斜引起的位置误差较大，导致收获成功率仅达到65%。另外，该机器人没有解决叶、茎障碍物影响末端执行器抓取的问题。

（二）我国智能农业机器人发展状况

我国的智能农业机器人研发起步较晚、投资较少、发展较慢，与发达国家相比差距还很大，目前还处于起步阶段。

20世纪90年代中期，我国才开始进行农业机器人技术的研发。中国农业大学为我国农业机器人技术的早期研发单位之一，研制出的自动嫁接机器人已成功进行了试验性嫁接生产，解决了蔬菜幼苗的柔嫩性、易损性和生长不一致性等难题，可用于黄瓜、西瓜、甜瓜等幼苗的嫁接，形成了具有自主知识产权的自动化嫁接技术，填补了我国自动化嫁接技术的空白。

研究和应用的农业机器人还有吉林工业大学（现吉林大学）与吉林农业研究所研制的除草机器人和上海交通大学开发的草莓拣选机器人。我国采摘机器人技术的研究起步更晚，主要有浙江大学对番茄收获机器人的研究，还有中国农业大学对草莓收获机器人在图像识别上的研究，随后南京农业大学、东北林业大学等高校和科研院所也相继开展了相关研究。

随着我国工业化、城镇化和现代化的快速发展，我国智能农业机器人的研发范围亦在逐步扩大，目前在耕耘机器人、除草机器人、施肥机器人、喷药机器人、蔬菜嫁接机器人、收割机器人、采摘机器人等方面均有涉猎。

此外，东北林业大学研制出林木球果采摘机器人，它的应用有望解除我国的森林资源危机，改进我国的森林资源利用方式。智能农业机器人必将成为我国未来农业技术装备研发的重要内容，并将取得较快的发展。

三、智能教育机器人发展概况

（一）国外智能教育机器人发展状况

美国等西方一些发达国家高度重视机器人学科教育对高科技社会的作用和影响，早在20世纪60年代就在大学里开始了对智能教育机器人的研发，之后陆续在中小学也开始了机器人教学，并推出了各自的教育机器人基础开发平台。

美国麻省理工学院走在了教育机器人研发的前列。例如，其在航空航天学、机械工程学和电气工程与计算机科学中开设了机器人相关的课程并组织竞赛。

美国卡内基梅隆大学设有国家机器人技术工程中心及机器人技术协会，研究机器人技术的同时开展机器人相关课程的教学，以及机器人技术教师职业发展培训等。

达梅夫斯基（Damevski）等人将 CPS 引入计算机学科的教学中，研究了基于代理的虚拟学生模拟学习过程，使用认知机器人分析不同学生学习能力的差异。美国俄勒冈州立大学电子工程与计算机科学系则将机器人整合进课程，把书本上的理论应用到机器人中，使学生加深对理论的理解。美国莱斯大学研究了一种由多机器人组成的教育机器人系统，具有单个机器人体积小、能相互协作、节能、能多机器人户外控制等特点，用于增加大学生及研究生对数学、工程学、物理学等学科的学习兴趣。

英国的雷丁大学开展了一系列教育机器人活动，包括大学机器人演讲、竞赛、展出等。

意大利巴勒莫大学使用乐高及酷豆（可视化编程软件）开展中小学生机器人教育研究，研究表明能显著提高学生的视觉记忆、阅读和理解能力。

西班牙阿利坎特大学研究了基于 RobUALab 平台的虚拟仿真与现实机器人交互的远程教育机器人对学生实践、理论学习的影响，研究结果表明教育机器人的使用相比传统的教育手段有明显的优势。

在日本，东京情报大学布广英二等人研究教育机器人对大学生程序设计课程学习效果的影响，研究表明使用教育机器人教学能显著提高学生程序设计能力；筑波大学田中木青等人研究教育机器人能否提高儿童的学习效率，研究者将儿童健康监护机器人改造成远程控制教育机器人，用于教授儿童英文单词。结果表明教育机器人能有效地提高儿童的英语单词学习能力。

（二）我国智能教育机器人发展状况

我国的机器人教育也已从各个层面全面铺开，已有很多高校开设了机器人有关的课程，将机器人引进实践教学环节，并参与了国内外各种机器人竞赛，也取得了不俗的成绩。但是和发达国家相比还存在很大的差距，针对中小学的机器人教学到 20 世纪 90 年代后期才得到初步的发展。

因机器人教育所需，智能教育机器人产业开始蓬勃发展。我国较著名的教育机器人主要有广州中鸣教育机器人、北京未来之星教育机器人、上海广茂达公司推出的能力风暴教育机器人，还有杭州纳茵特科技有限公司等也相继推出了自己的教育机器人产品。

另外，国内的苏州大学、东南大学、郑州大学、中科院自动化所等院校和研究机构也自行开发了一些智能教育机器人产品。

四、智能医疗机器人发展概况

（一）智能手术机器人发展状况

20 世纪 90 年代，涌现出了大量的微创手术机器人系统。这表明智能医疗机器人技术已经发展到了一个新阶段，因为微创外科手术的复杂程度是其他各种类型的手术所无法比拟的。

由英国皇家理工学院研制的 Probot 系统可应用于泌尿微创外科手术，该机器人系统为三轴结构，结构设计上采用了远心结构来实现医疗器械的定点运动。在使用该系统时，医生首先获得利用超声波扫描形成的病变组织三维图像，再进行手术规划。

英国的达·芬奇机器人辅助微创手术系统包含一个主控制台和一个机器人车。其中机器人车具有三个固定于可移动基座的机械臂，基座通过线缆与手术控制台相连。中心机械臂把持内窥镜，两只外周机械臂把持手术器械。医生通过主控制台上双目视孔可以观察到手术区域的三维图像，通过导航系统医生可以操作脚踏板来缩放或移动摄像头；第二个脚踏板装置可以在保持从动机械臂不动的基础上重新对主手进行调整，使整个装置处于最佳的位置。主手的外形与从动机械臂相似，医生的动作最终被转换成手术器械端部的动作。手术器械末端具有六个自由度，可以任意模仿医生的动作，这样就克服了传统微创手术缺乏灵活性的缺点。

宙斯（Zeus）机器人辅助微创手术系统没有达·芬奇机器人辅助微创手术系统中的从动操作车，它是在手术台上直接安装三个独立的机械手臂，其中一个手臂用来操作摄像头，另外两个手臂用来操作一系列的手术器械，医生通过两个主动操作装置来控制手术器械最新的宙斯系统又集成了爱马仕（Hermes）系统，这样医生就可以直接控制手术所需要的附加装置，摄像头、吹药器、光源和其他附加的器械可以通过语音、脚踏板等人机接口来进行控制，通过一个特殊的目镜就可以获得合成后的三维图像。

在 20 世纪 90 年代，智能医疗机器人更加侧重于遥控操作，通过远程方式控制机器人把持某一框架式结构上的手术工具，使其按照指定通道进入患者体内。这类机器人不仅可以实现手术动作的缩放，而且可通过增加额外的末端自由度使得手术器械运动具有更强的灵活性。2001年，纽约市的雅克·马里斯科克斯（Jacques Marescaux）教授通过远程操作宙斯医疗机器人，给远在法国斯特拉斯堡市的患者进行了手术，并取得了令人欣慰的效果。从现在看来，这些昂贵的医疗机器人系统虽然还很少应用于常规的临床手术中，但从患者的角度看，确实是令人充满期待的。

此外，近几年出现了小型医疗机器人，这类机器人面向具体的适应证，成本更低，并且关注于机器人与患者直接接触时的生理运动补偿问题。目前发展较为成熟的"患者体内"的医疗机器人系统有很多实际应用，如自动胶囊或类似的主动导管和机器人化的内窥镜等灵巧系统。

（二）智能康复医疗机器人发展状况

智能康复医疗机器人主要用于恢复患者运动系统的功能。人体运动系统的问题可以划分为两类：一类是受伤肢体的运动范围问题；另一类是运动学习的问题，即运动技能的学习或再学习。

韩国Maref公司研制的Reliver RL-100型手部康复训练仪主要通过波浪式空气压力自动地驱使手指、手腕活动，借助该仪器的强制性运动训练，手指或手腕麻痹、瘫痪等症状会得到极大改善。其优点是系统采用气压驱动，动作较柔和；缺点是系统比较复杂，需要专门的气源，手指的活动范围有限。

法国基尼特克（Kinetec）公司研制的Kinetec手部康复器具有旋前、旋后、腕部屈伸等多种运动方式，可储存16种程序模式。通过更换不同的配件，不仅可进行手掌和腕部的被动活动，还可进行前臂、拇指及其他手指关节的活动，功能齐全特别是具有痛点锁定功能。

2004年，美国卡内基梅隆大学机器人研究所的科研人员研制出一种新型的气动手指康复器。该康复器基于肌电信号进行控制，以帮助具有手指运动障碍的病人进行恢复性运动，使用者的意识使肌肉产生运动趋势，进而产生肌电信号驱动该装置使手指产生相应的操作。该康复器固定大拇指，可以针对不同人的手指进行调整，驱动装置采用气缸，由两个气缸的活塞运动控制手指的三个关节运动，康复运动的动力采用连杆机构进行传递。该康复器具有良好的康复效果，只是并未建立起有效的感知系统来反馈康复运动时手指的信息。

外骨骼机械腿由髋关节、膝关节和大小腿组成，使用时将外骨骼机械腿穿戴在患者腿上，机械腿带动人腿摆动。其典型产品是瑞士霍科马（Hocoma）医疗器械公司与瑞士苏黎世巴尔格里斯特（Balgrist）医学院康复中心于1999年成功研制了洛科马特(Lokomat)减重步行训练康复机器人,并于2001年将其推向市场。洛科马特机器人采用电动机驱动,四个电动机分别安装在机械腿的髋支架和大腿腿杆上,分别经减速器驱动一套丝杠螺母机构,通过丝杠推动大腿和小腿摆动,完成步行训练。在国内,浙江大学也提出了类似洛科马特机器人原理的多体位减重步行训练康复机器人的设计方案。

2002年,美国南方保健(Health South)公司推出了Auto Ambulator减重步行训练康复机器人,采用两个二自由度机械手牵引患者大腿和小腿完成步行训练。

五、智能特种机器人发展概况

(一)双足机器人发展状况

真正全面、系统地开展类人机器人的研究始于20世纪60年代。而类人机器人的重要基础研究内容,就是双足步行机器人技术。迄今,不仅形成了双足步行机器人一整套较为完善的理论体系,而且在一些国家,如日本、美国和俄罗斯等都已成功研制了能静态或动态步行的双足步行机器人样机。

1. 国外双足机器人发展状况

早在20世纪50年代中期,美国通用电气公司就制造了一台名为"哈迪曼"的步行车,但当时的驱动和伺服控制技术显然还不足以使"哈迪曼"进入实用化阶段。

1968年,英国的摩瑟河公司试制了一台名为"Rig"的操纵型双足步行机器人,它只有踝和髋两个关节,操作者靠力反馈感觉来保持机器人平衡。这种主从式的机械装置可算是双足步行机器人的雏形。

日本早稻田大学的加藤一郎教授在1971年试制的WAP-3型双足机器人是真正的双足步行机器人,它的最大步幅为15 mm,周期为45 s。WAP-3的研制成功揭开了双足步行机器人的研究序幕。

1980年,日本的加藤实验室又推出了WL-9DR双足步行机器人。1984年,加藤实验室在以前的研究基础上采用了踝关节力矩控制技术,使WL-10RD双足步行机器人实现了平稳的动态步行。1986年,加藤实验室又推出了具有8个自由度的WL-12R双足步行机器人。

1971—1986年,牛津大学的威特等人曾制造和完善了一个双足步行机器人,在平地上走得非常好,步速为0.23 m/s,功率消耗约为4 W。

1985年，美国的哈金斯和雷波特等人研制了一个用来进行奔跑运动和表演体操动作的平面型双足步行机器人。1986年，他们用这个机器人进行奔跑实验，着重研究奔跑过程中出现的弹射飞行状态。1988年和1990年，他们又用这个机器人进行了翻筋斗动作实验。哈金斯和雷波特研究这两种运动是因为它们含有丰富的动力学内容，尤其是两者都具有弹射飞行状态。

1986年，美籍华人郑元芳博士分别研制成功SD-1型双足步行机器人和SD-2型双足步行机器人，成功地实现了平地上的前进、后退以及左、右侧行和动态步行。1990年，他首次提出了使双足步行机器人能够走斜坡的控制方案，并成功将其应用于SD-2型双足步行机器人中。

1986年，日本本田公司制订了第一个研制拟人机器人的计划，并于1996年11月展示了一个有两腿两臂的拟人机器人P2。本田公司在1997年10月又推出了世界领先的P3机器人。

2005年1月，韩国科学技术研究院成功开发KHR-3（HUBO）类人机器人，该机器人有41个自由度，高125 cm、重55 kg，可以行走并具有语言功能，能够说和理解人类的部分语言。

除了以上这些影响力较大的类人机器人研究项目外，还有众多的国外研究机构也相继进行了大量的且各具特色的类人机器人项目的开发与研制，如美国麻省理工学院的M2、英国的Shadow项目。

2. 我国双足机器人发展状况

我国从20世纪80年代中期才开始研究类人机器人，主要研究单位是哈尔滨工业大学、国防科技大学和北京理工大学。

哈尔滨工业大学于1989年研制了一台类人机器人，重量为70 kg，高度为110 cm，有10个自由度，可以实现平地上的前进、左右侧行及上下楼梯的运动。步幅可达45 cm，步速10步/s，为静态步行。

国防科技大学在1988年成功研制了一台KDW-Ⅰ平面型、6自由度的双足步行机器人，能实现前进、后退和上下楼梯的运动。1989年，他们又成功研制了一台KDW-Ⅱ空间运动型的双足步行机器人，实现了准动态步行，并于1995年实现了动态步行。2000年11月29日，他们成功研制出新型双足步行机器人。不仅能平地静态步行，而且能快速自如地动态步行；既能在已知环境中步行，也可在小偏差、不确定环境中行走，实现了多项关键技术突破。

北京理工大学于2005年研制出的"汇童"类人机器人是具有视觉、语音对话、力觉、平衡觉等功能的仿人机器人，它的成功研制标志着中国成为继日本之后第二个掌握集机构、控制、传感器、电源于一体的高度集成技术的国家。

此外,清华大学、上海交通大学、北京航空航天大学等高等院校和研究机构也在近几年投入了相当大的人力和物力进行智能仿人机器人的研制工作,并取得了阶段性的成果。

(二)四足机器人发展状况

1. 国外四足机器人发展状况

1979 年,日本东京工业大学的广濑茂男教授率先成功研制世界上首台使用位置和触觉传感器来爬楼梯的四足步行机器人 PV-Ⅱ。他在 1994 年研制的 TITAN-VI 四足步行机器人能够在崎岖和陡峭的地形条件下行走,腿也能作为操纵器使用,该机器人能够自主越过 15°斜坡,并曾在导线的支撑下爬越了 70°斜坡。随后其研制的四足步行机器人 TITAN-Ⅷ和 TITAN-Ⅸ也具有比较强的地面适应能力,可用于探测地雷和进行排雷作业。

2005 年美国波士顿动力公司推出了 Big Dog 机器人,它可以背负 45 kg 的有效负载进行自由行走或奔跑,最快移动速度可达 6.4 km/h,最大爬坡角度可达 35°。同时,Big Dog 能够适应多种复杂路况,即便在雪地或泥沼中也能行走自如,就算有人在其侧面施加外力,Big Dog 也能快速调整四足动作,以保持身体稳定,避免摔倒。

2012 年该公司推出的 LS3 机器人体型更为庞大,负载能力更强,移动速度也更快,实用性能有了大幅提升。

2013 年该公司推出的 Wild Cat 机器人可以适应多种地形,在复杂路况条件下也能以 16 km/h 左右的速度保持前行,除此之外,Wild Cat 还能够实现快速跳跃和快速转身等动作,灵活性有了大幅提升。

2015 年该公司推出的 Spot 机器人采用电池能源提供动力,有效控制住了机器人的运行噪声。

2017 年该公司研发的 Spot Mini 机器人也采用电池能源提供动力,与 Spot 机器人相比,其单次运行时间有了较大提升。

2. 我国四足机器人发展状况

近年来,许多国内的科研机构和院校也对四足仿生机器人进行了积极的研究,并取得一定的成果。例如:上海交通大学设计开发了 JTUWM-Ⅲ型四足机器人;清华大学研制了二自由度的四足步行机器人;华中科技大学研制的"4+2"多足步行机器人可利用六条腿来实现稳健的静态或动态运动；哈尔滨工业大学机器人研究所近年来也一直从事着多足机器人结构设计及步态算法的研究，其研制的四足仿生机器人在国内机器人研发领域占有一席之地。

2015年7月，中国兵器装备集团有限公司发布了"大狗"仿生四足机器人，这款由我国自行研制的"大狗"仿生机器人可以被运用到军事领域进行崎岖地形的物资输送工作，其系统功能已经达到国外同类产品水平。

2017年10月，杭州宇树科技有限公司发布了四足机器人"莱卡狗"（Laikago），它重量轻但系统输出功率高，可匹敌美国最强产品，用脚踹也踹不倒，其平衡能力在国内研发领域也展现出超强的水平。

2018年，由浙江大学熊蓉教授领导的机器人团队发布了一款名为"绝影"四足机器人，这款国产机器人能够稳健地爬陡坡、踏雪地，拥有强大的平衡功能。

（三）移动机器人发展状况

1. 国外移动机器人发展状况

美国斯坦福大学是轮式移动机器人研究领域的杰出代表。1970年，斯坦福大学研制出了世界上第一台自主移动机器人（AMR）——Shakey。它配有电视摄像头、激光测距传感器和触觉探测器，能进行自动推理，规划出可安全行走的路径，并能够把房间中的箱子推到目标点。

美国移动机器人（Mobile Robots）公司生产的室内自主移动机器人具有一定的代表性，如Pioneer3-DX机器人具有多种外部传感器，可以实时感知外部信息并创建环境地图和确定自身位姿，完成自主定位导航功能。

日本东北大学成功研制了具有四个麦克纳姆（Mecanum）轮全方位移动操作机器人。

法国系统分析与架构系统实验室（LAAS）的机器人Lama由六个锥型轮独立驱动，轮子连接于三自由度主动铰接悬架，马达和电池等置于轮中，具有两倍于轮径的越障能力。

瑞士洛桑联邦理工学院（EPFL）的移动机器人Shrimp为六轮驱动，前轮臂的弹簧保证与地面接触，后轮可以转向。瑞士EPFL的移动机器人Octopus采用并列双轴两段臂主动悬架，八轮全驱，其越障能力等于其身高，但结构和控制比较复杂。

2. 我国移动机器人发展状况

我国清华大学、哈尔滨工业大学、上海交通大学、北京航空航天大学、东南大学、中南大学、中国科学院沈阳自动化研究所和国防科技大学等院校和科研院所在移动机器人领域正在展开相应的理论和实验研究，取得了一定的成果。

哈尔滨工业大学机器人研究所是国内最早开展移动机器人研究的单位之一，已在移动式机器人的智能接口技术、信息融合技术、语音系统、自主导航技术、遥控技术、供电系统及体系结构等方面取得了突破性进展。之后还进行了全方位自主移动机器人、爆炸物分拣机器人、侦查机器人、履带式移动机器人、娱乐机器人、导游机器人等多种移动机器人的研究。

上海交通大学机器人研究所成功研制了 Frontier 自主移动机器人，典型代表有 Frontier-Ⅰ型机器人和 Frontier-Ⅱ型机器人。Frontier 机器人具有良好的稳定性、开放性和可扩展功能，以 FRONTIER 机器人组成的机器人足球多次获得国内机器人比赛的冠军，并作为我国大学的参赛队首次参加了机器人世界杯（RoboCup）中型组比赛。

北京航空航天大学机器人研究所研制的履带式侦察机器人采用模块化设计思想，具有可重构的结构形式和防水防震的工程化设计特点，能完成自主爬越楼梯等动作，可用于楼宇侦察及危险区域作业。IPAPTOR 排爆机器人外形紧凑、坚固可靠，能在会场过道、飞机机舱中自如活动，可在各种大型机器人无法进入的狭窄环境中执行任务。

第二节　智能机器人的现状

一、国外智能机器人发展现状

（一）新技术融入与国际间共同合作

近年来，许多发达国家加强了对智能机器人的研究力度和产业布局，以推动新的人工智能技术与新一代机器人的研发相融合。

智能机器人有两个重点问题：首先是深度学习和自控能力，提高智能机器人的自主意识，进一步形成一种机器人与人类平等的关系；其次是提高智能机器人对不同环境的适应能力和与所处环境之间的交互关系。欧盟机器人俱乐部（RobotClub）实验室联合欧洲、日本、美国等国家的 16 个实验室成立了以"从经验中学习"为主题的机器人研究项目，该项目旨在研究机器人如何在与环境的交流中进行经验积累和自主学习。

（二）全球主体市场转型升级

全球普遍认识到发展智能机器人的重要性，各国之间竞争日趋激烈。日本把智能机器人产业的发展设定成国家战略层面，为未来科技发展制作了"新产业结构蓝图"。2010年，韩国知识经济部发布了《服务型机器人产业发展战略》，通过开拓新市场来缩小与发达国家的差距，实现成为世界三大机器人强国的目标。另外，美国的"先进制造伙伴计划"、欧盟的"2020地平线"项目都旨在加强智能机器人的研究、开发和全球产业链的培育，抢占全球市场份额。与此同时，中国、印度等发展中国家也发布了智能机器人产业发展战略规划。

随着智能机器人研究的不断深入，智能机器人在更多领域得以推广使用，与机器人使用的初期相比，目前在非工业领域智能机器人使用率占比超过工业领域。当前，欧盟着重研究应用于家庭领域的智能服务机器人，以推出适应现代家庭生活的智能机器人。

（三）新一代智能机器人的关键技术

目前，世界各国都在进行新一代智能机器人的研究，依据各国的研究重点，可以总结出新一代智能机器人的几点关键技术，具体如下。

①传感器技术是机器人智能化的先决条件，它决定了机器人能否准确获知外部环境以及自身状态，进而影响机器人后续自主决策。

②控制技术是在复杂的情况下对机器人机械运动发出的指令，是机器人功能精准、可靠完成的决定性条件，进而影响机器人的使用价值。目前关于控制技术研究的重点是复杂运动控制技术、仿生运动控制技术。

③人机交互是智能机器人研究的重点领域，是直接影响使用者直观感受的第一因素。

④网络化技术是实现智能机器人互联、数据共享、远程交互的关键所在。各个机器人通过物联网构建一个整体系统，可以有效地协调智能机器人之间工作任务，提高工作效率。

（四）智能服务机器人的研究成果

目前，日本、韩国在智能服务机器人的研究与开发领域处于世界一流水平。日本ZMP公司研制的"Nuvo"机器人可以坐立、行走，识别语音指令，借助互联网可以将机器人所拍摄的现场画面在移动终端显示。韩国SK公司"Mostitech"机器人，在遇到失火、盗窃或者煤气泄漏等紧急情况下，能通过传感器采集信息源并自主判断出潜在的危险等级，迅速将详尽情况以安全方式发送出去。日本索尼公司推出的"QRIO"娱乐机器人有很强的平衡能力，可以流畅、平稳地行走、跳跃、奔跑。

此外，德国研发了有助于残疾人、老年人等弱势群体日常生活的家庭机器人"CareBot Ⅱ"。可用于放置椅子和送食物，帮助使用者从床上或椅子上起身，辅助行走；可以接听电话、调节电视、控制空调等，能够检测危险信号并向医疗机构发出紧急求救信号。

二、我国智能机器人发展现状

（一）实施机器人产业发展国家战略

近年来，随着我国人力成本逐步升高、劳动力供给下降、行业竞争加剧以及国际社会的影响，我国积极调整经济发展形态，大力推进产业产业结构升级转型，从廉价、低效益的低端经济生态模式向高效益、先进的高端经济生态模式转变，借此时机智能机器人的市场日趋升温，应用普及越发广泛。目前，中国是世界上最大的智能机器人生产国和消费市场，将进入机器人产业发展的重要时期。中国已经开始关注机器人产业的发展，明确发展目标，制定支持政策吸引相关的技术、人才和企业入驻。

（二）我国智能服务机器人的研究成果与不足

近年来，国家出台了一系列发展智能机器人产业的政策和计划，并在机器人研究和产品开发领域做了大量工作，取得了一定的成果。新松机器人公司研制的家庭机器人，在遇见家中煤气泄漏、水管爆裂、入室盗窃等危险情况时，可检测出危险信号，并及时向主人发送报警信号。该机器人具有轮式驱动装置和防碰撞预警功能，可自主行走与规避障碍物。中国科学院研发出了家庭机器人、餐厅机器人、娱乐机器人等在不同场景使用的服务型智能机器人，同时，孵化了深圳中科智酷机器人科技有限公司、深圳市中科睿成智能科技有限公司、深圳市中科欧鹏智能科技有限公司等专注于智能机器人研发的企业，促进了机器人产业化的发展进程。2016年百度公司研发的"小度"机器人是我国技术含量较高的智能机器人。

收获成果的同时，我们要冷静地看清整体上的差距和不足，我们的科学家和企业生产商攻克了很多机器人的技术难关，并取得大量研究成果，但遗憾的是，大部分的研究成果仍停留在理论研究和原型开发层面，缺少技术转化和批量化生产。根据市场调研，市场上主要销售的机器人有清洁机器人和教育机器人两大类，安防机器人和娱乐机器人的销售市场逐渐兴起。从深层次分析，我国智能服务机器人落后的产业化水平和企业规模限制了机器人产业市场经济效益的发挥，进而无法形成产业群。智能服务机器人技术本身是一个综合技术的集结，而且没有垄断技术的限制，各国基本上都属于起步前进阶段，如何在后程发力，培育一批专注做智能服务机器人的顶尖企业，是我国目前最迫切需要的。

第三节 智能机器人的发展趋势

一、智能机器人的总体发展趋势

（一）传感型智能机器人发展较快

作为传感型智能机器人基础的机器人传感技术有了新的发展，各种新型传感器不断出现。

多传感器集成与融合技术在智能机器人上获得应用。在多传感器集成和融合技术研究方面，人工神经网络的应用特别引人注目，成为一个研究热点。

（二）新型智能技术不断创新

新型智能机器人有许多诱人的研究新课题，对新型智能技术的概念和应用研究正酝酿着新的突破。

虚拟现实技术是新近研究的智能技术，它是一种对事件的现实性从时间和空间上进行分解后重新组合的技术。虚拟现实是在计算机图形学、计算机仿真技术、人机接口技术、多媒体技术以及传感技术的基础上发展起来的交叉学科。虚拟现实是指用计算机生成的一种特殊环境，人可以通过使用各种特殊装置将自己"投射"到这个环境中，并操作、控制环境，实现特殊的目的，即人是这种环境的主宰。

多智能机器人系统（MARS）是近年来开始探索的又一项智能技术，它是在单体智能机器人发展到需要协调作业的条件下产生的，可以使多个机器人主体具有共同的目标，完成相互关联的动作或作业。

在诸多新型智能技术中，基于人工神经网络的识别、检测、控制和规划方法的开发和应用占有重要的地位。基于专家系统的机器人规划获得新的发展，除了用于任务规划、装配规划、搬运规划和路径规划外，还被用于自动抓取规划。

（三）模块化设计技术广泛应用

智能机器人和高级工业机器人的结构要力求简单紧凑，其高性能部件甚至全部机构的设计已向模块化方向发展；其驱动采用交流伺服电机，向小型和高输出方向发展；其控制装置向小型化和智能化发展，采用高速 CPU 和 32 位芯片、多处理器和多功能操作系统，提高智能机器人的实时和快速响应能力。智能机器人软件的模块化则简化了编程，发展了离线编程技术，提高了智能机器人控制系统的适应性。

（四）智能机器人生产工程系统呈上升趋势

在生产工程系统中应用智能机器人，能使自动化发展为综合柔性自动化，实现生产过程的智能化和机器人化。近年来，智能机器人生产工程系统获得不断发展。汽车工业，工程机械、建筑、电子和电机工业以及家电行业在开发新产品时，引入高级机器人技术，采用柔性自动化和智能化设备，改造原有生产手段，使智能机器人生产智能系统的发展呈上升趋势。

（五）实现智能机器人网络化

机器人网络化是未来智能机器人技术发展的重要方向之一。一方面，利用互联网技术对智能机器人实现联网操作，并通过网络对其进行有效控制，实现多机器人协作，能够更快、更好地完成任务。另一方面，在一些相对复杂的环境条件下，实现对计算机的远程网络控制，作业项目能靠多台智能机器人协同完成，这也是未来智能机器人技术发展的主要方向。

（六）形成更好的交互方式

人类与智能机器人的交互需要更加简单化、多样化、人性化、智能化，因此需要研究设计自然语言、文字语言、图像语言、手写字识别等，采用更加人性化的方式与用户互动交流，保证人与机器之间信息交流的协调性。

二、智能机器人的具体发展趋势

（一）智能工业机器人的发展趋势

从近几年推出的机器人产品来看，工业机器人技术正在向智能化、模块化和系统化方向发展，其发展趋势主要包括以下几方面。

①结构的模块化和可重构化。
②控制技术的开放化、PC 化和网络化。

③伺服驱动技术的数字化和分散化。

④多传感器融合技术的实用化。

⑤工作环境设计的优化、作业的柔性化以及系统的网络化和智能化。

随着智能工业机器人向更深更广方向发展以及机器人智能化水平的提高，机器人的应用范围还在不断扩大，已从汽车制造业推广到其他制造业，进而推广到采矿机器人、建筑业机器人以及水电系统维护维修机器人等各种非制造行业。此外，在国防军事、医疗卫生、生活服务等领域，机器人的应用也越来越多。

（二）智能农业机器人的发展趋势

同智能工业机器人或者其他领域机器人相比，智能农业机器人工作环境多变，以非结构环境为主，工作任务具有极大的挑战性。因此，农业机器人对智能化程度的要求远高于其他领域机器人。

在未来，智能农业机器人将向多功能、高效率、复式联合作业、控制智能化、操作自动化、注重节约资源、保护环境等方向发展，由机器人技术带动的农业升级，正在为改善农民生活打开新空间。

无论是美国、德国、英国、法国等发达国家，还是以中国为代表的发展中国家，智能农业机器人正呈现蓬勃的发展态势，市场空间十分广阔。

（三）智能教育机器人的发展趋势

在未来，智能教育机器人的发展趋势主要体现在人工智能技术的应用上，如机器学习、语音识别及仿生科技的应用等。

1. 机器学习

通过集成先进的机器学习算法，未来的智能教育机器人将拥有自主判断、智能识别、优化决策等功能，能够根据不同学生的不同情况制订出不同的学习计划。同时，智能教育机器人能够通过不断更新学生的学习情况数据，并结合上述数据分析学生学习中遇到的困难与瓶颈，最终不断调整智能机器人教学的方式与策略，从而达到智能教导学生的目的。

2. 语音识别

语音识别是人工智能领域一个重要的技术方向，已被应用于包括家用智能音箱、手机语音助手等众多领域。语音识别技术以语音为研究对象，通过编码技术把语音信号转变为文本或命令，让机器能够理解人类语音，并准确识别语音内容，实现人与机器的自然语言通信。在未来，智能教育机器人能够通过语音与学生对话,在课堂上通过语音认出不同学生并叫出他们的名字,使学生对智能机器人产生好感和信任。

3. 仿生科技

仿生科技是工程技术与生物科学相结合的一门交叉学科。如今,仿生技术发展迅速,运用范围广泛,机器人技术是其主要的结合和应用领域之一。在感知与行为能力方面,为了达到如同真人一般的感知与行为能力,整合生物、信息科技以及机械设计的仿生科技将是关键。

(四)智能服务机器人的发展趋势

长期来看,未来人工智能最大的应用市场将出现在服务机器人领域。面对远比当前工业生产更为复杂的环境,智能服务机器人对人工智能技术的要求更高、更全面,市场空间也更加巨大。除了规模将会急速上升,智能服务机器人的发展趋势也会呈现多元化,未来将会呈现五大趋势,具体表现如下。

①智能服务机器人更加拟人化,如陪伴机器人。

②更加体贴化,不仅要拟人,而且要体贴关怀人,如日本开发的护理机器人非常体贴病人。

③专业化,服务行业的专业化、特色化。

④更加超能化,不仅要拟人,而且要超过人,人搬不动的东西它能搬动。

⑤更加广泛化。

在政策支持、资本青睐的利好形式下,智能服务机器人将迎来多元化发展,自主性不断提升,服务领域和服务对象不断拓展,机器人本体体积更小、交互更灵活。

(五)智能医疗机器人的发展趋势

在未来,智能医疗机器人的发展趋势主要包括以下几方面。

①更加注重轻量、精密、灵巧机器人机构构型创新设计。

②系统集成面向具体的手术流程需求、手术室应用,实现遥控操作及远程手术操作。

③更加注重多模态三维影像重建和融合技术。

④建立与单病种结合的自动手术规划系统。

⑤利用高精度3D跟踪定位及可视化技术实现术中实时标定及配准。

⑥更加注重与互联网和大数据的结合。

⑦推进微型机器人的研究突破。目前已经开发出手指大小的微型移动机器人，可用于进入小型管道进行检查作业。预计将生产出毫米级大小的微型移动机器人和直径为几百微米甚至更小（纳米级）的医疗机器人，可让它们直接进入人体器官，进行各种疾病的诊断和治疗而不伤害人的健康。在大中型机器人和微型机器人系列之间，还有小型机器人。

人工智能的快速发展将开创外科机器人的一片新天地。从市场趋势来看，随着现代科技的不断进步、社会人口的老龄化以及医疗技术的发展，机器人技术在医疗领域还会得到更深入而广泛的研究和应用。供给端将不断改善，同时，需求端将不断释放，智能健康医疗机器人在供给和需求的双向推动下，未来发展潜力巨大，市场空间将持续扩张。

（六）智能特种机器人的发展趋势

腿（足）式机器人在运动的灵活性以及环境的适应性上比轮式、履带式机器人拥有更为显著的优势。当下的腿（足）式机器人研究中，机构设计、驱动、能量消耗等都是尚待完善的问题。

轮式、履带式机器人因为成本和技术门槛较腿（足）式机器人低而受到市场青睐，但其在行动方面对于地面的要求较严格，限制了它们应用场景的拓宽。

当前，物质的运输、野外的勘测、灾祸的救援、高危险环境中的作业和军事等方面的应用都是腿（足）式机器人的应用领域。总之，腿（足）式机器人的市场更为广阔，更符合未来的发展趋势。

第四节　智能机器人的应用实例

一、智能工业机器人的应用

智能工业机器人是指在工业环境中应用的机器人，是一种能进行自动控制的、可重复编程的、多功能的、多自由度的、多用途的操作机，用来完成各种作业。因此，智能工业机器人也被称为"铁领工人"。目前，智能工业机器人技术上最成熟、应用最广泛的机器人是焊接机器人、喷涂机器人、装配机器人和数控机器人。

（一）智能工业机器人的应用准则

设计和应用智能工业机器人时，应全面考虑和均衡机器人的通用性、耐久性、可靠性、经济性和环境的适应性等因素，具体应遵循的准则如下。

1. 从恶劣工种开始使用机器人

机器人可以在有毒、风尘、噪声、振动、高温、易燃易爆等危险有害的环境中长期稳定地工作。在技术、经济合理的情况下，采用机器人逐步把人从这些工作岗位上代替下来，将从根本上改善人们的劳动条件。

2. 在生产率落后的部门应用机器人

现代化的大生产分工越来越细，操作越来越简单，劳动强度越来越大。机器人可以高效地完成一些简单、重复性的工作，使生产效率获得明显的改善。

工作节奏的加快使工人的神经过于紧张，很容易疲劳，工人会由此造成失误，很难保证产品质量，而智能工业机器人完全不存在由于上述原因而引起的产品质量问题，可以不知疲倦地重复工作，有利于保证产品质量。

3. 要估计长远需要

一般来讲，人的寿命比机械的寿命长，不过，如果经常对机械进行保养和维修，对易坏件进行补充和更换，有可能使机械寿命超过人。另外，工人会由于其自身的意志而放弃某些工作，造成辞职或停工，而智能工业机器人没有自己的意愿，因此机器人的使用不会在工作中途因故障以外的原因停止工作，能够持续从事所交给的工作，直至其机械寿命完结。

与只能完成单一特定作业的固定式自动化设备不同，机器人不受产品性能、所执行类型或具体行业的限制。若产品更新换代频繁，通常只需要重新编制机器人程序，并用换装不同形式的"手部"的方法就可以完成部分改装。

4. 机器人的投入和使用成本

虽说机器人可以使人类摆脱脏乱、危险或繁重的劳动，但是使用者们极关心的是机器人的经济性。经济性主要考虑的因素是劳力、材料、生产率、能源、设备和成本等。

（二）智能工业机器人的具体应用

1. 焊接机器人

焊接作为工业裁缝，是现在工业制造最主要的加工工艺，也是衡量一个国家制造业水平的重要标杆。焊接机器人作为工业机器人最重要的应用板块发展非常迅速，已广泛应用于工业制造各领域，占整个工业机器人应用的40%左右。在实际应用中，焊接机器人本体很少单独使用，绝大多数还需要系统集成商结合行业和用户情况，将除焊接机器人本体以外的各功能单元等通过系统集成为成套自动化、信息化、智能化系统（单元），形成满足用户需求的总体解决方案。焊接机器人在行业应用中还是以系统集成为主，这是机器人能够普及应用的关键，而且在高端制造领域，系统集成的份额更高。

和一般的智能工业机器人不同，焊接机器人不仅需要满足焊接工艺的基本动作要求，还要求具有焊接专用软件和其他应用软件。焊接机器人还要求具有整个焊缝轨迹的精度和重复精度、跟踪功能、适应较为恶劣的工作环境和抗干扰能力。焊接机器人主要包括机器人和焊接设备两部分。机器人由机器人本体和控制柜（硬件及软件）组成。而焊接装备，以弧焊及点焊为例，则由焊接电源（包括其控制系统）、送丝机（弧焊）、焊枪（钳）等部分组成。对于智能机器人还应有传感系统，如激光或摄像传感器及其控制装置等。

（1）点焊机器人

点焊对所用的机器人的要求是不高的。因为点焊只需点位控制，至于焊钳在点与点之间的移动轨迹没有严格要求。这也是机器人最早只能用于点焊的原因。点焊机器人不仅要有足够的负载能力，而且在点与点之间移位时速度要快捷，动作要平稳，定位要准确，以减少移位的时间，提高工作效率。点焊机器人需要有多大的负载能力，取决于所用的焊钳形式。用于变压器分离的焊钳具有 30～45 kg 的负载能力就足够了。但是，这种焊钳：一方面由于二次电缆线长，电能损耗大，不利于机器人将焊钳伸入工件内部焊接；另一方面电缆线随机器人运动而不停摆动，电缆的损坏较快。因此，目前逐渐增多采用一体式焊钳。这种焊钳连同变压器质量在 70 kg 左右。考虑到机器人要有足够的负载能力，能以较大的加速度将焊钳送到空间位置进行焊接，一般都选用 100～150 kg 负载的重型机器人。为了适应连续点焊时焊钳短距离快速移位的要求。新的重型机器人增加了可在 0.3 s 内完成 50 mm 位移的功能。这对电机的性能、微机的运算速度和算法都提出更高的要求。

由于采用了一体式焊钳，焊接变压器装在焊钳后面，所以变压器必须尽量小型化。对于容量较小的变压器可以用 50 Hz 工频交流电，而对于容量较大的变压器，已经开始采用逆变技术把 50 Hz 工频交流电变为 600～700 Hz 交流电，使变压器的体积减小、减轻。变压后可以直接用 600～700 Hz 交流电焊接，也可以再进行二次整流，用直流电焊接。焊接参数由定时器调节。新型定时器已经微机化，因此机器人控制柜可以直接控制定时器，无须另配接口。点焊机器人的焊钳，通常用气动的焊钳，气动焊钳两个电极之间的开口度一般只有两级冲程，而且电极压力一旦调定后是不能随意变化的。近年来出现一种新的电伺服点焊钳。

焊钳的张开和闭合由伺服电机驱动，码盘反馈，使这种焊钳的张开度可以根据实际需要任意选定并预置，而且电极间的压紧力也可以无极调节。

（2）弧焊机器人

弧焊过程比点焊过程要复杂得多，工具中心点（TCP），也就是焊丝端头的运动轨迹、焊枪姿态、焊接参数都要求精确控制。所以，弧焊机器人除了前面所述的一般功能外，还必须具备一些适合弧焊要求的功能。虽然从理论上讲，5轴机器人就可以用于电弧焊，但是对复杂形状的焊缝，用5轴机器人会有困难。因此，除非焊缝比较简单，否则应尽量选用6轴机器人。

弧焊机器人多采用气体保护焊方法，通常的晶闸管式、逆变式、波形控制式、脉冲或非脉冲式等的焊接电源都可以装到机器人上做电弧焊。由于机器人控制柜采用数字控制，而焊接电源多为模拟控制，所以需要在焊接电源与控制柜之间加一个接口。近年来，国外机器人生产厂都有自己特定的配套焊接设备，这些焊接设备内已经插入相应的接口板，所以在弧焊机器人系统中并没有附加接口箱。应该指出，在弧焊机器人工作周期中电弧时间所占的比例较大，因此在选焊接电源时，一般应按持续率100%来确定电源的容量。送丝机构可以装在机器人的上臂上，也可以放在机器人之外，前者焊枪到送丝机之间的软管较短，有利于保持送丝的稳定性，而后者软管较长，当机器人把焊枪送到某些位置时，会使软管处于多弯曲状态，从而严重影响送丝的质量。所以送丝机的安装方式一定要考虑保证送丝稳定性的问题。

（3）焊接机器人技术应用现状

工业机器人中有半数为焊接机器人。到目前为止，焊接机器人大致可分为3代：第一代是基于示教再现工作方式的焊接机器人，具有操作简便、不需要环境模型、示教时可修正机械结构带来的误差等特点，在焊接生产中被大量使用；第二代是基于一定传感器信息的离线编程焊接机器人；第三代是指装有多种传感器，接收作业指令后能根据客观环境自行编程的高度自适应智能机器人。我国在20世纪70年代末开始研究焊接机器人，经过多年的发展，在焊接机器人技术领域取得了长足的进步，对国民经济的发展起到了积极的推动作用。

从目前国内外的情况来看，焊接机器人技术的研究主要集中在焊缝跟踪技术、多台焊接机器人和外围设备的协调控制技术、焊接机器人专用弧焊电源技术、焊接机器人系统仿真技术与机器人用焊接工艺方法5个方面。

①焊缝跟踪技术。在弧焊机器人施焊过程中，如果焊接条件基本稳定，或者弧焊机器人的工作条件比较适宜，那么机器人一般能够保证焊接质量。但是，由

于焊接环境等各种因素的影响，实际的焊接条件经常发生变化。例如，由于强烈的弧光辐射、高温、烟尘、飞溅、坡口状况、加工误差、夹具装夹精度、表面状态和工件热变形等这些焊接中经常出现的情况，往往会使焊枪偏离焊缝，从而造成焊接质量下降甚至失败。焊接条件的这种变化要求弧焊机器人能够实时检测出焊缝的偏差，并调整焊接路径和焊接参数，保证焊接质量的可靠性。为了使机器人在焊接过程中能够实时地检测出焊缝的实际位置，开始了弧焊机器人焊缝跟踪技术的研究。

②多台焊接机器人和外围设备的协调控制技术。从严格意义上讲，焊接机器人是一个焊接机器人系统或工作站，通常包括机器人本体、机器人控制柜、焊机系统及送丝单元、变位机、工装夹具等部件。在生产应用中，单台机器人往往不能充分发挥其作用，这就要求焊接机器人与变位机、弧焊电源等周边设备实现柔性化集成。在焊接过程中，焊接机器人与周边设备的柔性化协调控制有助于减少辅助时间，是提高生产效率的关键之一。对于大多数工件而言，其焊缝总存在平焊、横焊、立焊、仰焊等焊接位置，而这些对于焊接品质及焊缝成形有很大的影响。若单靠调节机器人位姿来保证获得满意的接头是相当困难的，同时也给操作者带来很大不便。若此时能协调控制变位机，使工件被焊处总处于水平的焊接位置，将会大大提高焊接质量。即变位机在焊接过程中不是静止不动的，而是要做相应的协调运动。弧焊电源和工装夹具等也要在机器人统一控制下做相应的协调运动，这样才能保证整个系统高效率、高质量地工作。

③焊接机器人专用弧焊电源技术。在焊接机器人系统的设计、研究工作中，只把注意力放在机器人本体或焊接操作系统方面的研究是不够的。只有研制出电器性能良好的专用弧焊电源，才能充分发挥焊接机器人高效优质的特点。目前，弧焊机器人一般采用熔化极气体保护焊或非熔化极气体保护焊方法。熔化极气体保护焊的焊接电源主要是晶闸管电源与逆变电源。近年来，弧焊逆变器的技术已趋于成熟，机器人用的专用弧焊逆变电源大多为单片微机控制的绝缘栅双极晶体管（ICBT）式弧焊逆变器，并配以精细的波形控制和模糊控制技术，工作频率为 20～50 kHz，最高的可达 200 kHz，焊接系统具有十分优良的动特性，非常适合机器人自动化和智能化焊接。

还有一些特殊功能的电源，如适合铝及铝合金非熔化极性气体钨极保护焊（TIG）的方波交流电源、带有专家系统的熔化极惰性气体保护电弧焊/熔化极活性气体保护电弧焊（MIG/MAG）焊接电源等。但目前引起重视的是一种采用模糊控制方法的焊接电源。这种电源适合于焊接表面有波浪形起伏的工件，或在焊接过程中有较大变形的工件。对这些工件，机器人即使进行了精确编程也很难保证焊接时焊丝伸出长度的稳定一致。采用前述的两种电源都可能焊出形状和尺寸不均匀的焊缝，而采用模糊控制电源可以保证熔宽和熔深的基本一致，不仅焊缝表面美观，而且还能减少焊接缺陷。

弧焊电源的发展不断向着数字化方向迈进，弧焊机器人焊接电源的发展方向是采用全数字化焊机。全数字化是指焊接参数数字信号处理器、主控系统、显示系统和送丝系统全部都是数字式的。所以电压和电流的反馈模拟信号必须经过模拟/数字（A/D）转换，与主控系统输出的要求值进行对比，然后控制逆变电源的输出。这种焊接电源的最大特点是焊接参数稳定，受电压波动、温升、元器件老化等因素的影响很小，具有较高的重复性，焊接质量稳定，成形良好。同时，由于数字信号处理器的响应速度很快，可以根据主控制系统的指令（给定值）精确控制逆变电源的输出，使之具有输出多种电流波形和弧压高速稳定调节的功能，适应多种焊接方法对电源的要求。只需要改变或输入相应的控制程序，一台电焊机就可以当作多种电焊机用。

④焊接机器人系统仿真技术。机器人在研制、设计和试验过程中，经常需要对其运动学、动力学性能进行分析以及进行轨迹规划设计，而机器人又是多自由度、多连杆空间机构，其运动学和动力学问题十分复杂，计算难度很大。若将机械手作为仿真对象，运用计算机图形技术、计算机辅助设计（CAD）技术和机器人学理论在计算机中形成几何图形，并动画显示，然后对机器人的机构设计、运动学正反解分析、操作臂控制以及实际工作环境中的障碍避让和碰撞干涉等诸多问题进行模拟仿真，就可以很好地解决研发机械手过程中出现的问题。

⑤机器人用焊接工艺方法。目前，弧焊机器人普遍采用气体保护焊方法，主要是熔化极气体保护焊和熔化极（脉冲）电弧焊，其次是钨极氩气保护焊，等离子弧焊、切割及机器人激光焊数量有限，使用比例较低。国外先进的弧焊机器人已较为普遍地采用高速、高效气体保护焊接工艺，如双丝气体保护焊、热丝钨极惰性气体保护焊、热丝等离子焊等先进的工艺方法，这些工艺方法不仅有效地保证了优良的焊接接头，还使焊接速度和熔敷效率提高几倍至几十倍。

2. 喷涂机器人

典型的涂装机器人工作站主要由涂装机器人、机器人控制系统、供漆系统、自动喷枪/旋杯、喷房、防爆吹扫系统等组成。

涂装是一种较为常用的表面防腐、装饰、防污的表面处理方法，需要喷枪在工件表面做往复运动。在作业开始前需要首先对机器人进行示教，然后控制机器人复现示教动作，完成喷涂工作。

常见的涂装机器人辅助装置有机器人行走单元、工件传送（旋转）单元、空气过滤系统、输调漆系统、喷枪清理装置、喷漆生产线控制盘等。机器人行走单元与工件传送（旋转）单元主要包括完成工件的传送及旋转动作的伺服转台、伺服穿梭机及输送系统以及完成机器人上下左右滑移的行走单元，涂装机器人对所配备的行走单元与工件传送和旋转单元的防爆性能有着较高的要求。一般来讲，配备行走单元和工件传送与旋转单元的涂装机器人生产线及柔性涂装单元的工作方式有三种：动/静模式、流动模式及跟踪模式。

①动/静模式。在动/静模式下，工件先由伺服穿梭机或输送系统传送到涂装室中，由伺服转台完成工件旋转，之后由涂装机器人单体或者配备走行单元的机器人对其完成涂装作业。在涂装过程中工件可以静止地做独立运动，也可与机器人做协调运动。

②流动模式。在流动模式下，工件由输送链承载匀速通过涂装室，由固定不动的涂装机器人对工件完成涂装作业。

③跟踪模式。在跟踪模式下，工件由输送链承载匀速通过涂装室，机器人不仅要跟踪随输送链运动的涂装物，而且要根据涂装面而改变喷枪的方向和返回角度。

3. 检查测量机器人

检查测量机器人集3种功能于一身：机械手的运动功能、对象状态的感知功能，以及对所采集到的信息进行分析、判断和决策的功能等。在制造业中引入这类机器人对改善产品质量、节省检查工时、减少尘埃以及减轻检查员的劳动强度具有重要意义。该类机器人可用于以下方面的工作。

（1）形状测量

形状测量大致有两种用途：一是测量工件的形状，检查判断是否合格；二是根据所测得的信息为后续加工提供指示。

（2）装配检查

装配检查主要是指装配工序中检查的内容，包括组装好的零部件识别、位置检测以及装配关系是否正确等。

（3）动作试验

对产品性能进行检查时，可用机器人代替人的各种操作动作，构成一个自动进行性能检查的系统。例如，减轻银行业务的自动存取款机的考机试验就是一例。这个系统将机器人搭载在移动小车上，以便同时检查几台机器。由于采用垂直六关节型机器人，故可完成较复杂的操作。该装置的特点是手部功能很全，由视觉传感器识别自动存取款机指示灯的亮灭状态，由抓拿机构取放纸币和存折，由气缸来按下操作钮，由触觉传感器感知气缸是否动作等。因此这个系统能十分逼真地模仿顾客使用自动存取款机时的各种动作：现金支付及存入、信用卡的读入、存折记账、发放单据等。让该系统长期工作便可检查出机器性能的好坏以及稳定性。

（4）缺陷检查

厚钢板常用于造船、油罐等大型构件，过去超声波探伤作业通常靠人工进行。所谓自动探伤装置，就是一台自动实行检查作业的机器人。检查时若钢板内部存在缺陷，则超声波被反射，探头接收缺陷反射波后用计算机加以处理，从而识别出缺陷的大小、长度、位置、密集度、占有率等。

4. 装配机器人

（1）装配机器人的组成

装配机器人是柔性自动化装配系统的核心设备，由操作机、控制器、末端执行器和传感系统组成。其中操作机的结构类型有水平关节型、直角坐标型、多关节型和圆柱坐标型等；控制器一般采用多CPU或多级计算机系统，以实现运动控制和运动编程；末端执行器为适应不同的装配对象而设计成各种手爪和手腕等；传感系统用来获取装配机器人与环境和装配对象之间相互作用的信息。其具体组成结构如下。

①手臂：机器人的主机部分，由若干驱动机构和支持部分组成，有不同组成方式和尺寸。

②手爪：安装在手部前端，抓握对象物；需要根据不同的对象物更换手爪。

③控制器：用于记忆机器人的动作，对手臂进行控制。控制器的核心是微型计算机，能完成动作程序、手臂位置的记忆、程序的执行，工作状态的诊断、与传感器的信息交流状态显示等功能。

④示教盒：由显示部分和输入键组成，用来输入程序，显示机器人状态。

⑤传感器：借助传感器的感知，机器人可以更好地顺应对象物进行柔性操作，视觉传感器常常用来修正对象物的位置偏移。

（2）装配机器人的应用——自动化装配流水线

20世纪初，美国人亨利·福特（Henry Ford）首先采用了流水线生产方法，在他的工厂内，专业化地将分工分得非常细，仅仅一个生产单元的工序竟然达到了 7882 种，为了提高工人的劳动效率，福特反复试验，确定了一条装配线上所需要的工人，以及每道工序之间的距离。这样一来，每个汽车底盘的装配时间就从 12 小时 28 分钟缩短到 1 小时 33 分钟。大量生产的主要生产组织方式为流水生产，其基础是由设备、工作地和传送装置构成的设施系统，即流水生产线。最典型的流水生产线是汽车转配生产线。流水生产线是为特定的产品和预定的生产大纲所设计的。

举例来讲，动力锂电池组装配流水线往往具有以下特点。

①总共有 20 个工位，整条生产线呈 "L" 字形展开，以 10 个自动化作业机器人工位为主体，在中间布置人工工位配合作业机器人工作。

②锂电池组的装配工作由各个工位相互配合完成，在 10 个作业机器人工位中，前 5 个层组装配工位中的层组装配机器人完成 15 层电池模组的安装，然后 4 个端盖装配工位中的端盖装配机器人依次完成后端盖、水箱盖、印制电路板（PCB）板、前端盖的安装。

③转运工位中的转运机器人将生产线上装配完成的成品锂电池组转运至充放电平台进行测试。

④设置在作业机器人工位之间的 10 个人工工位负责一些小型零部件安装及辅助工装的拆装。

动力锂电池组装配流水线是具有机电一体化特色的生产装备，该系统以动力锂电池组自动化生产为目标，集成机械电子、传感技术、计算机控制技术和机器人技术，采用分布并行的控制方式。装配生产线控制系统分为两个层次，即生产线管理控制和工位现场控制。

5. 巡检机器人

变电站设备巡检是有效保证变电站设备安全运行、提高供电可靠性的一项基础工作，主要分为例行巡检和特殊巡检。例行巡检每天至少进行两次；特殊巡检一般在高温天气、大负荷运行、新投入设备运行前以及大风、雾、冰雪、冰雹、雷雨后进行。此外，检修人员还通过手持红外热成像仪，一般每半个月一次对变电站设备进行红外测温。

随着机器人技术的快速发展，将机器人应用到电力行业成为可能。智能巡检机器人可以用来替代人工完成变电站巡检中遇到的急、难、险、重和重复性工作。可以加载红外热成像仪、气体检测仪、高清摄像机等有关的电站设备检测装置，以自主和遥控的方式，代替人对室外高压设备进行巡检，以便及时发现电力设备的内部热缺陷和外部机械或电气问题，如异物、损伤、发热、漏油等，为运行人员提供诊断电力设备运行中的事故隐患和故障先兆的有关数据。智能巡检机器人的推广应用将进一步提高电力生产运行的自动化水平，为电力安全生产提供更多保障。

巡检机器人及用户自主定位导航、自动充电的室外移动平台，集成摄像头、红外热成像仪、超声等传感器，自主规划路线，实现室外无人自主运动，并且将传感器检测的视频以及红外图像通过无线网络传送到后台监控室。后台系统通过对比分析当前图像，实现对设备缺陷以及异常的检测。

巡检机器人系统主要分为3层：基站层、通信层、终端层。

①基站层。由监控后台组成，是整个巡检系统的数据接收、处理与展示中心，由数据库（模型库、历史库、实时库）、模型配置、设备接口（机器人通信接口、红外热成像仪接口、远程控制接口等）、数据处理（实时数据处理、事项报警服务、日志服务等）、视图展示（视频视图、电子地图、事项查看等）等模块组成。

②通信层。由网络交换机、无线网桥基站（固定在主控楼楼顶）及无线网桥移动站（安装在移动机器人上）等设备组成，采用Wi-Fi 802.11n无线网络传输协议，为基站层与终端层间的网络通信提供透明的传输通道。

③终端层。包括移动机器人、充电室和固定视频监测点。移动机器人与监控后台之间为无线通信，固定视频监测点与监控后台之间可采用光纤通信。充电室中安装充电机构，机器人完成一次巡视任务后或电量不足时，自动返回充电室进行充电。

6. 码垛机器人

码垛就是按照集成单元化的思想，将单一的物件按照一定的模式，一件件地堆码成垛，以便使单元化的物垛实现物料的搬运、存储、装卸、运输等物流活动。20世纪80年代以前，码垛工作都是由人工完成的。

工业化大生产规模的扩大，促使码垛自动化，以加快物流的速度，保护工人的安全和健康，同时也能获得整齐一致的物垛，减少物料的破损和浪费。

20世纪70年代末日本顺应社会发展的潮流，将机器人技术用于码垛过程，从此，作为一门物流自动化的新兴技术——机器人码垛技术的研究开发获得了迅速的发展。

我国在20世纪80年代引进的大型石化装置，首次应用了机器人码垛。随后在20世纪90年代初，我国开始了码垛机器人的研制开发工作。

7. 移动搬运机器人

自动导引运输车（AGV），也称为"无人搬运车""移动搬运机器人"，是指装备电磁或光学等自动导引装置，能够沿规定的导引路径行驶，具有安全保护以及各种移载功能的运输车。AGV以轮式移动为特征，相比步行、爬行或其他非轮式的移动机器人，其具有行动快捷、工作效率高、结构简单、可控性强、安全性好等优势。与物料输送中常用的其他设备相比，AGV的活动区域无须铺设轨道、支座架等固定装置，不受场地、道路和空间的限制。因此，在自动化物流系统中，最能充分地体现其自动性和柔性，能实现高效、经济、灵活的无人化生产。

随着AGV技术的迅速发展，AGV的应用范围也在不断扩展，目前广泛应用于仓储业、制造业、邮局、图书馆、港口码头、机场、烟草、医药、食品、化工、危险场所和特种行业、行车等领域，具有良好的环境适应能力。

（1）物流仓储业

物流仓储业是AGV最早应用的场所。1954年世界上首台AGV在美国的南卡罗来纳州的水星汽车货运（Mereury Motor Freight）公司的仓库内投入运营，用于实现出入库货物的自动搬运。下面以云南昆船机械制造有限公司生产的磁导引式AGV-AWD106为例进行讲述。AGV-AWD106主要用于重载物料的搬运。其差速驱动可实现原地360°自旋，能较好地适应在狭窄巷道中的搬运作业。在AGV-AWD106上配备电动顶升执行机构，可靠的连接设计能确保机械同步升降，使物料升降安全平稳。

近年来随着电动叉车的广泛应用，无人叉车也随之兴起。目前物料的运输主要靠人工操作的叉车。人工叉车需要具有一定熟练程度的工人，在工作时间上，工人不可能持续操作，需要更多的工人轮流操作，这会增加生产成本；而且相对于人工操作的叉车，无人叉车可以24小时不间断地运行，且精度高、安全可靠，短期内即可收回投资成本，回报率较高。因此，大量采用无人叉车，可以降低企业的运营成本，提高市场竞争力。目前无人叉车主要分为激光导航和视觉导航两种。

激光导航无人叉车：举例来讲，新松机器人公司根据不同行业的实际需求而研发的系列激光导航AGV产品，主要由AGV车体、升降装置等组成。该设备承担空托盘、带载托盘、货物等升降搬运工作；激光导航可使用反光板、无反光板等各种形式；保留原厂交流驱动和转向电机；保留原厂油路阀组和电机的液压系统，采用新松机器人公司自主研发的大功率驱动模块进行举升驱动控制，以取得连续调速的平稳性和位置的精确控制。

视觉导航无人叉车：激光雷达定位精度高，是目前室内移动机器人定位的主流技术，该技术成熟，但是由于激光雷达本身的二维特性，导致能获取的环境信息较少，所以不适用于动态变化的非结构化室内环境，而且激光雷达价格高昂，也是制约该技术发展的重要因素。而视觉导航技术成本低、定位精度高，同时通过多传感器融合技术，可以大幅提高定位频率，视觉可获取的丰富的信息量可以作为障碍探测，物体识别使用。

（2）制造业

目前，AGV 在制造业的生产线中大显身手，可以高效、准确、灵活地完成物料的搬运任务，并且可由多台 AGV 组成柔性的物流搬运系统，搬运路线可以随着生产工艺流程的调整而及时调整，使一条生产线上能够制造出十几种产品，大大提高了生产的柔性和企业的竞争力。近年来，作为计算机集成制造系统（CIMS）的基础搬运工具，AGV 的应用深入机械加工、家电生产、微电子制造、卷烟等多个行业，生产加工领域成为 AGV 应用最广泛的领域。

（3）邮局、图书馆、港口码头、机场

在邮局、图书馆、港口码头、机场等场合，物品的运送存在着作业量变化大、动态性强、作业流程经常调整，以及搬运作业过程单一等特点，AGV 的并行作业自动化、智能化和柔性化的特性能够很好地满足上述场合的搬运要求。瑞典于 1983 年在大斯德哥尔摩邮局、日本于 1988 年在东京多摩邮局、中国于 1990 年在上海邮政枢纽开始使用 AGV，以完成邮品的搬运工作。

（4）烟草、医药、食品、化工

在对搬运作业有清洁、安全、无排放污染等特殊要求的烟草、医药、食品、化工等行业中，AGV 的应用也受到重视。国内的许多卷烟企业都应用了激光引导式 AGV 来完成托盘货物的搬运工作。

（5）危险场所和特种行业

在军事上，以 AGV 的自动驾驶为基础集成其他探测和拆卸设备，可用于战场排雷和阵地侦察工作。在钢铁厂，AGV 用于炉料运送工作，减轻了工人的劳动强度。在核电站和利用核辐射进行保鲜储存的场所，AGV 应用于物品的运送，避免了危险的辐射。在胶卷和胶片仓库，AGV 可以在黑暗的环境中准确可靠地运送物料和半成品。

（6）行车

通过对行驶区域的环境进行图像识别，AGV 可以实现智能行驶，这是一种具有巨大潜力的导引技术，此项技术已被少数国家的军方采用。将其应用到 AGV 上还只停留在研究中，还未出现采用此类技术的实用型 AGV。可以想象，图像识别技术与激光导引技术相结合将会使 AGV 更加完善，如导引的精确性和可靠性、行驶的安全性、智能化的记忆识别等都将更加精确。

二、智能农业机器人的应用

智能农业机器人是一种新型多功能农业机械。智能农业机器人的应用可以大大降低人工劳动强度以及生产成本，解决农业生产劳动力资源不足、生产率低下的困境，以满足人类社会日益增长的食品和生物能源的需求。

（一）智能农业机器人的特点和应用范围

1. 智能农业机器人的特点

以制造业为主的智能工业机器人已相当普及，而将机器人技术应用于生物农业领域方兴未艾。智能农业机器人发展缓慢的主要原因是其工作对象生物的形状比较复杂且尺寸不一。生物农业生产高度依赖于季节和自然环境的变化，人们期待着机器人在这一领域的广泛应用，以实现农业生产的机械化和自动化。

在智能农业机器人的研究方面，目前日本居世界各国之首。但是由于智能农业机器人所具有的技术和经济方面的特殊性，至今还没有普及。智能农业机器人具有以下的特点。

①智能农业机器人一般要求边作业边移动。

②农业领域的行走不是连接出发点和终点的最短距离，而是狭窄的范围，较长的距离及遍及整个田间表面。

③使用条件变化较大，如气候影响、道路的不平坦和在倾斜的地面上作业，还须考虑左右摇摆的问题。

④在价格方面，智能工业机器人所需大量投资由工厂或工业集团支付，而智能农业机器人以个体经营为主，如果价格过高，很难普及。

⑤智能农业机器人的使用者是农民，不是具有机械电子知识的工程师，因此要求智能农业机器人必须具有高可靠性和操作简单的特点。

2. 智能农业机器人的应用范围

目前智能农业机器人的应用范围主要包括以下几方面。

①可完成各种繁重体力劳动的农田机器人，如插秧、除草、施肥及施药机器人等。

②可完成蔬菜水果自动收获、分选、分级等工作的果蔬机器人，如采摘苹果、蔬菜嫁接机器人等。

③可替代人完成饲养牲畜、挤牛奶等的机器人。

④可替代人完成伐木、整枝、造林等工作的机器人，如林木球果采集、伐根清理机器人等。

（二）智能农业机器人的具体应用

1. 嫁接机器人

嫁接机器人技术，是近年在国际上出现的一种集机械、自动控制与园艺技术于一体的高新技术，它可在极短的时间内，把蔬菜苗茎秆直径为几毫米的砧木、穗木的切口嫁接为一体，使嫁接速度大幅度提高；同时由于砧木、穗木接合迅速，避免了切口长时间氧化和苗内液体的流失，从而可大大提高嫁接成活率。因此，嫁接机器人技术被称为嫁接育苗的一场革命。

实践证明，嫁接是目前克服瓜菜连茬病害和低温障碍的最有效方法。它不但可以防止土传病害如枯萎病、黄萎病、青枯病的发生，而且采用嫁接技术可以使苗根系发达，具有抗逆、壮根、增强植株长势、延长生长期与减轻地表上部病害的优点，可大幅度增产。

嫁接苗的砧木苗直径为 3～4 mm，穗木苗直径只有 1～2 mm，加之幼苗脆嫩细弱，所以嫁接起来很耗费精力。而且，每个人所掌握的嫁接技术要领、手法及熟练程度不同，难以保证高的嫁接质量和高的成活率。由于人工嫁接费工费时，在有些地区，又出现了放弃嫁接栽培的现象，取而代之的是大量施用农药、杀虫剂、杀菌剂。这样，不但造成了资财浪费，更严重的是污染了蔬菜，破坏了环境，对人类健康构成威胁。手工嫁接效率低、劳动强度大、嫁接苗成活率低，已远不能适应中国农业生产的要求。因此，在中国发展机械化、自动化的嫁接技术势在必行。

2. 水果采摘机器人

在日本，农业劳动力老龄化和农业劳动力不足的问题十分突出，为了解决这一问题，日本开发出了一系列不同用途的农业机器人，这其中就包括采摘水果的机器人。这种机器人有它自身的特点：它们一般在室外工作，作业环境较差，但是在精度要求上却没有智能工业机器人那样高。这种机器人的使用者不是专门的技术人员，而是普通的农民，所以技术不能太复杂，而且价格也不能太高。

一般的机器人多数采用电气驱动,而为了降低成本,采用油压驱动比以蓄电池为动力源的电气驱动要经济得多。这种机器人没有使用价格相对较高的高精度油压控制马达,而是采用了油缸控制,这样做也降低了机器人的成本。

作为动力源的内燃发动机驱动2台油压泵,其中的一台用于驱动机械手,另一台为操纵行走车辆的方向盘以及驱动制动器的控制油缸,它比前一台的压力要大得多。

机械手是由4个由4节连杆构成的手指组成的系统,在手指的尖端装有滑轮。当机械手抓拿西红柿时,机械手在西红柿上方降下,手指的滑轮沿西红柿表面边滑动边下降,当到达最下端时就停止;上升时,利用西红柿自身的重量,使机械手自锁。这种结构不需要复杂的控制系统,同时也适用于定位不准的情况,而且也比较容易操作。试验结果表明,当机械手的中心与西红柿的中心偏离不超过5mm时,机械手都能抓住西红柿。当手指尖端的滑轮沿西红柿表面向下滑动时,利用手指关节的动作可以求出西红柿的大小,利用手上附加的力传感器可以求出西红柿的重量,误差仅仅在2%以内。这样就可以在现场对西红柿进行初步的分级,另外也可以根据力的变化判断是否抓住了西红柿。对这种西红柿采摘机器人进行收获西红柿的作业试验,得到的结果比较理想,由于有位置误差,机械手抓到的西红柿占西红柿总数的90%。对于一般的农业机器人而言,能达到这样的标准已经是很不错的了。

3. 移栽机器人

种子种到插盘以后,长出籽苗,直到它们生出根来,再将其重新栽到乙烯盆或其他的盆里,这种作业叫作移栽。在日本,广泛采用软的乙烯盆,并将其装入容器内,以便于装卸和转运。移栽的目的是给植物提供适当的空间,以促进植物的扎根和生长。

移栽虽然是很简单的,但是需要大量的手工作业,而且是很费时的。人工移栽的平均速度是每小时800～1000棵,但连续工作会使人疲劳,很难长久保持高效率。

现在研制出来的移栽机器人有两条传送带,一条用于传送插盘,另一条用于传送盆状容器。其他的主要部件是插入式拔苗器、杯状容器传送带、漏插分选器和插入式栽培器。

这种机器人的工作过程如下:用插入式拔苗器的抓手将插盘中的籽苗放出,放在穿过插盘传送带移动到盆传送带上的一排杯状容器内。在杯状容器移动的同时，由光电传感器探测有无缺苗，探测之后，栽培器的抓爪只拿起籽苗。每个栽培头分别接近一只杯，在所有栽培头都夹住籽苗之后，所有栽培头同时栽培籽苗，确保无空盆，最大栽培速度为每小时6000棵。

该机器人是第一台能识别缺苗的机器人。因为在许多情况下，种子的发芽率只有60%～70%。利用这种机器人，栽培者只移栽真实的籽苗，并使全部籽苗都移栽到盆里，减少了寻找和填充空盘的必要。

在开发传感系统时，最初只采用光电传感器、发射机和接收机。当杯中的植物从发射器与接收器之间经过时，如果光线被茎或叶子挡住，就可以断定真实的苗在杯中。传感器可以上下调整以改变拒绝低于标准的劣苗的阀门，通过杯传送带的转动将劣苗抛在废料箱中。由于它能在不停止运动的情况下进行探测，所以这是最简单、快速和经济的方法。

三、智能服务机器人的应用

智能服务机器人与人们生活密切相关，智能服务机器人的应用将不断改善人们的生活质量。智能服务机器人是一种以自主或半自主方式运行，能为人类健康提供服务，或者是能对设备运行进行维护的一类机器人。由于智能服务机器人经常与人在同一工作空间内，所以智能服务机器人要比智能工业机器人有更强的感知能力、决策能力和与人的交互能力。

（一）智能服务机器人的应用技术

智能服务机器人的应用技术主要包括以下几方面。

1. 环境的表示

智能服务机器人通常在非结构化环境中以自主方式运行，因此要求对环境有较为准确的描述。如何针对特定的工作环境，寻找实用的、易于实现的提取、表示以及学习环境特征的方法是智能服务机器人的关键技术之一。

2. 控制系统与结构

机器人控制系统和体系结构研究目前主要集中在开放式控制器体系结构、分布式并行算法融合等方面。对于智能服务机器人控制器而言，更加注重控制器的专用化、系列化和功能化。

3. 环境感知传感器和信号处理方法

智能服务机器人的环境传感器包括机器人与环境相互关系的传感器和环境特

征传感器。前者包括定位传感器和姿态传感器；后者是与任务相关的专门类型传感器，它随机器人的工作环境变更，这类传感器可以是直接的或间接的，通常需要借助信息融合技术将原始信号进行再加工处理。

4.复杂任务和服务的实时规划

机器人运动规划是机器人智能的核心。运动规划主要分为完全规划和随机规划。完全规划是机器人按照环境-行为的完全序列集合进行动作决策，环境的微小变化都将使机器人采取不同的动作行为。随机规划则是机器人按照环境-行为的部分序列计划进行动作决策。

（二）智能服务机器人的具体应用

1.智能家庭服务机器人

智能家庭服务机器人是为人类服务的特种机器人，是能够代替人完成家庭服务工作的机器人，它包括行进装置、感知装置、接收装置、发送装置、控制装置、执行装置、存储装置、交互装置等。感知装置将在家庭居住环境内感知到的信息传送给控制装置，控制装置指令执行装置做出响应，并进行防盗监测、安全检查、清洁卫生、物品搬运、家电控制以及家庭娱乐、病况监视、儿童教育、报时催醒、家用统计等工作。

（1）扫地机器人

扫地机器人，又称自动打扫机智能吸尘、机器人吸尘器等，是智能家用电器的一种，能凭借一定的人工智能，自动在房间内完成地板清理工作。一般采用刷扫和真空方式，将地面杂物先吸纳进入自身的垃圾收纳盒，从而完成地面清理的功能。一般来说，将完成清扫、吸尘、擦地工作的机器人，也统一归为扫地机器人。

扫地机器的机身为无线机器，以圆盘形为主。使用充电电池运作，操作方式以遥控器，或是机器上的操作面板为主。一般能设定时间预约打扫，自行充电。其前方有设置感应器，可侦测障碍物，如碰到墙壁或其他障碍物，会自行转弯，并依不同厂商设定，走不同的路线，有规划地清扫地区（部分较早期机型可能缺少部分功能）。因其操作简单，现今已慢慢普及，成为上班族或是现代家庭的常用家电用品。

科沃斯地宝710是科沃斯机器人股份有限公司推出的一款真正的吸、扫、抛为一体的智能扫地机器人。地宝710采用双边刷+滚刷的结构模式，吸尘的同时，滚刷可以对地面进行抛光干拖，能有效清洁地面的颗粒垃圾及黏合于地面的细小灰尘。另外，地宝710的电池容量达到2500 mAh，一次性清扫时间增加至100～120 min，最大可清理200 m² 的面积。其拥有多种清扫模式，可根据家庭地面情况进行选择。

随着技术的不断进步，特别是定位导航技术的不断发展，目前扫地机器人上面也搭载了视觉模块以及即时定位与地图构建（SLAM）算法，可进行全局建图与定位。SLAM试图解决这样的问题：一个机器人在未知的环境中运动，如何通过对环境的观测确定自身的运动轨迹，同时构建出环境的地图。从而实现任意位置清扫，同时还能自动规划清扫路径。

视觉 SLAM 主要包括数据采集、视觉里程计、后端优化、建图、闭环检测等模块。

①视觉里程计。视觉里程计就是利用一个图像序列或者一个视频流，计算摄像机的方向和位置的过程。一般包括图像获取后畸变校正、特征检测匹配或者直接匹配对应像素、通过对极几何原理估计相机的旋转矩阵和平移向量。

②后端优化。理论上来说，如果视觉里程计模块估计的相机的旋转矩阵 R 和平移向量 t 都正确的话，就能得到定位和建图。但是在实际试验中，我们得到的数据往往有很多噪声，且由于传感器的精度、错误的匹配等，都会使结果产生误差，并且由于我们只是把新的一帧与前一个关键帧进行比较，当某一帧的结果有误差时，就会对后面的结果产生累计误差，这样最后的结果肯定误差越来越大。为了解决这个问题，引入了后端优化。后端优化一般采用捆集调整（BA）、卡尔曼滤波（EKF）、图优化等方式来解决。其中基于图优化的后端优化，效果最好。

③闭环检测。后端优化可能得到一个比较优的解，但当运动回到某一个之前去过的地方，如果我们能认出这个地方，并找到那个时候的关键帧进行比较，我们就可以得到比单用后端优化更准确更高效的结果。闭环检测就是要解决这个问题。

闭环检测有两种方式：一种是根据估计出来的相机的位置，看是否与之前已经到达的位置邻近；另一种是根据图像，去自动识别出这个场景之前到过，并找到那时候的关键帧。现在比较常用的是后一种方法，它其实是一个非监督的模式识别问题。

（2）智能教育机器人

智能教育机器人就是通过对一般的机器人进行一些拟人化的外形改造及硬件设计，同时运用相关的教育形式进行其软件开发而得到的一种用途广泛、老少皆宜的服务型机器人。通过硬件的设计，使得智能教育机器人具有人性化的外形以及与人和谐的高层次交互方式,包括语音、视觉等,而通过各种软件的开发使得该机器人能够与人进行智能化的互动学习。

就国内来说,智能教育机器人在中小学的应用现状如下:一方面是建立青少年科学工作室,用以设置机器人科技创新项目,以成熟、成套为主,学生多使用图形化编程方法,控制器多为单片机,以单片机、计算机接口、传感器技术等课程实验为目标;另一方面是用于机器人教学,国内目前已有不少学校将机器人作为一种课外活动,大部分高校已建成机器人创新实验室(工程训练中心),并开设专门的机器人课程,主要侧重智能控制、机器人控制、传感器融合技术等。

① NAO 机器人。NAO 机器人是一个 58 cm 高的仿人机器人,旨在成为人类理想的家居伙伴,是在学术领域世界范围内运用最广泛的智能教育机器人。它可以行走,识别人脸,甚至还可以与人交谈。它是各种软、硬件巧妙结合的独特产物,由大量传感器、电机和软件构成。所有软件由专门设计的操作系统 NAOqi 来控制。其具有以下功能特点。

第一,NAO 机器人拥有讨人喜欢的外形,并具备有一定程度的人工智能和一定程度的情感智商,能够和人亲切的互动。该机器人还如同真正的人类婴儿一般拥有学习能力。

第二,NAO 机器人还可以通过学习身体语言和表情来推断出人的情感变化,并且随着时间的推移"认识"更多的人,并能够分辨这些人不同的行为及面孔。

第三,NAO 机器人能够表现出愤怒、恐惧、悲伤、幸福、兴奋和自豪的情感,当它们在面对一个不可能应付的紧张状况时,如果没有人与其交流,NAO 机器人甚至还会为此生气。它的"脑子"可以让它记住以往好或坏的体验经验。

② Pepper 机器人。2014 年 6 月,日本软银集团和法国奥尔德巴伦(Aldebaran)公司联合推出了世界上第一款可以识别情绪的个人机器人——Pepper。目前,Pepper 已经在日本店中迎接顾客,并为顾客提供信息。Pepper 是一款服务于家庭的消费级社交机器人,代表着机器人技术难度的顶峰。Pepper 是全球第一个会判读情感的个人化机器人,可以识别表情,并用表情、动作、语音与人类交流、反馈,同时 Pepper 会判断情感,在交流时可变换语调,具有冲击性的社交体验。Pepper 对情感的判断可通过"自主学习"获取,对外界反应的敏感度会通过接收来自云端人工智能的知识不断增长,能极大满足消费者的社交体验。

(3)智能娱乐机器人

在体育方面有教练机器人、比赛机器人、乒乓机器人、网球机器人、柔道机器人、拳击机器人、击剑机器人、滑雪机器人、滑水机器人、滑冰机器人等。

在娱乐方面有唱歌机器人、舞蹈机器人、乐队机器人、影视表演机器人、杂技机器人、木偶机器人、戏剧机器人和机器人玩具等。

2. 智能专用服务机器人

智能专用服务机器人如引导服务机器人，具有室内定位导航、语音交互、图像识别、触屏交互、脸部表情和手臂动作交互等功能，为新一代智能服务机器人，适用于室内引导服务等场合。其主要功能如下。

①室内自由行走：机器人可以在室内指定区域内自由行走，遇到前方障碍物时可以自动避开。

②语音交互：机器人具有语音交互功能，用户应在机器人正前方约 1 m 处与机器人进行对话。机器人语音为青年女声，语速可调。

③触屏交互：可用于后台信息推送播报、搜索查找位置信息、实时路线显示等。

④表情交互：头部面部表情可动态显示，可定制。

⑤人脸识别：能够识别、检测位于机器人前方的参观者，并主动打招呼，招揽顾客。

⑥自动充电：电量低于设定值时，自动返回充电装置充电。

四、智能医用机器人的应用

智能医用机器人是指用于医院、诊所的医疗或辅助医疗的机器人，按照其用途不同，有临床医疗机器人、智能护理机器人等类型。

（一）临床医疗机器人的应用

临床医疗用机器人，包括外科手术机器人和诊断与治疗机器人，可以进行精确的外科手术或诊断，其中以美国达·芬奇（Da Vinei）手术机器人为代表。达·芬奇手术机器人得到了美国食品药物管理局（FDA）的认证，它拥有4只灵巧的机械手，可以通过微创的方法，实施包括头颈外科以及心脏手术在内的复杂外科手术。医生在手术中使用达·芬奇手术机器人，可以增加视野角度，减少手部颤动，机器人灵活的手腕能以不同角度在靶器官周围操作，手术操作更精确；同时可以使医生在轻松的环境中实施手术，更集中精力；减少参加手术人员。对于患者来说，创伤更小，失血量少，术后疼痛轻，愈合好，恢复快，并能缩短住院时间。

（二）智能护理机器人的应用

智能护理机器人用来分担护理人员繁重琐碎的护理工作，如帮助医护人员确认病人的身份，并准确无误地分发所需药品，帮助护士移动、运送瘫痪或行动不便的病人。将来，智能护理机器人还可以检查病人体温、清理病房，甚至可以通过视频传输帮助医生及时了解病人病情。

五、智能军事机器人的应用

智能军事机器人是指为了军事目的而研制的自动机器人或遥控移动机器人，以提升作战效能，减少战争中的人员伤亡。目前，应用于军事的机器人已大量涌现，很多技术发达国家已经研制出智能程度高、动作灵活、应用广泛的军用机器人。

地面军用机器人包括排雷（弹）机器人、侦查机器人、保安机器人及地面微型军用机器人等。

空中机器人包括侦察无人机、电子对抗无人机、攻击型无人机及多用途无人机等。新型无人机还配备了空射导弹、激光制导、电子干扰器等先进武器装备，可配合有人机进行空中打击。

水下机器人可以长时间在水下侦察敌方潜艇、舰船的活动情况，也可以在水下对船只进行检修。某些国家已经研制出可以载弹进行水下攻击的"攻击型水下机器人"，它们能够悄无声息地接近敌方的舰艇，对敌人进行出其不意的打击。

当前影响智能军事机器人应用的瓶颈主要在两个方面：一方面是智能控制，另一方面是动力。在智能控制方面，由于战场情况瞬息万变，现有机器人智能对于突发事件处理的反应无法和人一样迅速和随机应变，如要能真正在战场上担任主角，则需要机器人的人工智能达到极高的水平。在动力方面，为维持智能军事机器人的持续工作，需要携带大量的油料或动力电池，限制了智能军事机器人的行动灵活性和工作时间。

六、智能空间机器人的应用

宇宙空间充满着对人致命的宇宙射线，且具有微重力、高温差、超高真空等难以使人类生存的恶劣条件，在这样的恶劣环境条件下要有效地进行空间开发，不但需要采用各种高新科学技术，而且需要能够部分或大部分代替宇航员舱外作业的智能空间机器人。目前，对于宇宙空间的探测，主要集中在月球探测和火星探测上。为了进行这些探测，科学家研制出了多种类型的星球探测机器人。星球探测机器人的关键技术如下。

①星球探测机器人在质量、尺寸和功耗等方面都有严格限制。星球探测机器人应机械结构紧凑、体积小、质量轻，同时与之配套的驱动机构应具备良好的稳

定性以及较强的爬坡和越障能力；星球探测机器人的电源主要用于提供动力和为仪器供电，这就需要星球探测机器人使用的电池对环境的适应能力强、体积小、寿命长、功率密度大。

②星球探测机器人如何适应空间温度、宇宙射线、真空等苛刻的未知环境。外层空间的星球环境可能比地球环境更为复杂。因此，在设计探测机器人时必须考虑到地球上没有的一些特殊环境可能对机器人造成的损害。

Rocky 7 火星车是美国喷气推进实验室为美国国家航空航天局研制的一系列火星车的一种。该车质量为 15 kg，6 轮，尺寸为 48 cm×64 cm×32 cm，由太阳能电池板供电。Rocky 7 的前端装有 32 cm 长的机械手，它有 2 个自由度，可以达到地表面下 10 cm 处。机械手的端部装有一台反射式分光仪，一台铲斗用来挖掘及携带样舱。

Rocky 7 的前后各装有一台立体摄像机，就像机器人的眼睛，它利用航向点信息引导车辆向特定的方向运动，利用它 Rocky 7 可以自动躲避障碍物。Rocky 7 上端装有一根 1.5 m 高的关节式杆，它有 3 个自由度，杆上装有 3 台摄像机，2 台立体广角摄像机，用来对外境拍摄广角图像，一台窄角摄像机，可对岩石及其他地质特征拍摄特写图像，关节式杆可以像机械手那样灵活操作，可将所装的科学仪器对着岩石，确定其最低点。

第五章　智能机器人的技术要素与分类

　　智能机器人技术的发展是现阶段世界各国高科技研究领域十分关注的热点课题。智能机器人如今在各行各业有着广泛的应用，因此掌握智能机器人的关键技术具有重要意义。本章分为智能机器人的基本要素、智能机器人关键技术、智能机器人分类三部分，主要包括感觉要素、智能机器人的技术原理、智能机器人的关键技术发展、按智能程度分类等内容。

第一节　智能机器人的基本要素

一、感觉要素

　　智能机器人具备感觉要素，即智能机器人可以感受和认识外界环境，起到与外界交流的作用。智能机器人的感觉要素相当于人的五官，包括接触型传感器和非接触型传感器。

　　接触型传感器可以感知力、触压等，非接触型传感器可以感知物像、测量距离等。这些功能一般可以通过机电元件（如摄像机、图像传感器、激光传感器、超声波传感器、压电元件、导电橡胶、气动元件、行程开关等）来实现，比如扫地机器人，它已成为智能家居的一部分。

　　扫地机器人具备一定的"智慧"，它依靠传感器系统，如超声波传感器、红外测距传感器、红外光电传感器等不断感知外界环境，为自身做出决策奠定基础。所以，扫地机器人能自动判断房间的大小，并根据家具的摆设进行工作，如遇到障碍物也会自动转弯，也能自动充电。这一切的前提都是其具备发达的传感器系统。

二、运动要素

　　智能机器人具备运动要素。智能机器人具备运动系统才能对外界做出反应性动作，才能执行操作者下达的指令。就如人类最简单的膝跳反射，有了传感器进行神经传导，必须要有肌肉等效应器做出反应。智能机器人也是如此。如若中央处理器是智能机器人的"大脑"的话，那效应器就是智能机器人的"筋肉"。

运动要素就相当于人的手脚。通常，智能机器人会借助一些辅助器材（如履带、支脚、轮子、气垫等）来实现自身运动。在运动过程中，智能机器人本身能对辅助器械进行有效控制，这能保证智能机器人的运动适应不同的地理环境，只有这样才能真正通过运动完成已经下达的任务。

三、思考要素

智能机器人具备思考要素，即智能机器人利用从外界获得的信息，制订出最合理的解决方案，进而采取最佳的动作完成指令。思考要素相当于人类的大脑，也是智能机器人最核心和最关键的要素。

具备思考要素，智能机器人可以像人类一样完成一些智力活动，如决策分析、逻辑分析、理解体会等。总的来讲，智能机器人的智力活动和人类的脑力活动类似，均可称为信息处理的过程，只是智能机器人主要是通过计算机运算来完成这个信息处理过程的。

第二节　智能机器人关键技术

一、智能机器人的技术原理

随着智能机器人运用领域的不断扩大，人类对智能机器人的要求也越来越高。为满足人类需求，必须提高智能机器人技术，这是发展智能机器人的必然要求。目前，机器人技术分为五个技术领域（层）：机械硬件、电子硬件、嵌入式软件、上层软件、智能算法。

如需结构化表述，从下往上依次是基础设施层、算法层、技术层、应用层。基础设施层包括硬件、计算能力和大数据；算法层包括各类机器学习算法、深度学习算法等；再往上是技术层，包括计算机感知分析能力、计算机视觉技术和语言技术、提供理解思考能力的自然语言处理技术、提供决策交互能力的规划决策系统和大数据统计分析技术。下面从实现智能机器人应用的几个重点技术领域进行分析。

（一）大数据技术

智能机器人技术的实现需要大数据技术作为基础，大数据技术对于智能机器人就像食物对于人一样，只有具备了大数据技术，智能机器人才能够运行。大数据技术是通过无处不在的移动设备、无线传感器、互联网收集人们的输入数据产生的大量资料数据得以实现的。

处理实时产生的海量数据，对大数据技术数据处理的实时性和有效性有很高的要求。只有满足以上条件，才能使大数据技术具有更强的决策力和洞察力，形成真正有效的信息资产。保障数据的有效性和实时性的核心技术是对海量数据进行分析处理，从原来的部分抽样变成现在的完全抽样，再通过计算机对海量数据中潜在的信息进行获取与利用，以达到技术使用者的目的。

当今，人类从小数据时代进入大数据时代，经历了一个从数据被哲学忽视到数据变成哲学研究对象之一的发展过程。迈尔－舍恩伯格在《大数据时代》一书中指出："大数据开启了一次重大的时代转型。就像望远镜让我们能够感受宇宙，显微镜让我们能够观察微生物一样，大数据正在改变我们的生活以及理解世界的方式，成为新发明和新服务的源泉，而更多的改变正蓄势待发。"

大数据时代对于数据的处理方式比起小数据时代也发生了巨大变化。大数据技术能对结构化数据与非结构化数据进行处理，克服数据中的复杂性、不确定性等问题，建构出大数据系统模型。大数据技术改变了人类的思维方式，我们变得不再一味地追求数据的精确性，开始接受数据的纷繁复杂。大数据技术直接对数据库中的所有数据进行分析，省却了挑选有效信息的步骤。不仅如此，大数据技术还能够同时执行模式识别、聚类、回归分析等程序，提高了数据处理效率。

大数据技术从原先寻找语言间的因果关系转变成现在的相关关系，再通过大数据匹配的每个连接词语进行自然语言处理。大数据技术通过建立数据驱动来建立以自然语言理解为核心的认知计算模型。智能机器人以大数据技术为基础，拥有从认知到决策的能力。因此，将大数据技术与机器人技术结合，是实现机器智能化的重要理论基础。

（二）知识图谱

智能机器人与人类交流的关键在于语用计算，语用计算的关键在于知识图谱。知识图谱是智能机器人大脑中的知识库，具有优化搜索引擎的功能。知识图谱通过对语义知识库的结构化整合，利用符号形式描绘物理世界中所存在的概念和概念之间的相互关系。

知识图谱的基本组成单位是"实体—关系—实体",实体间通过关系相互联结,形成网状的知识结构体系。使用者不需要通过既定的字符串,只需要按照大概主体便能实现知识真正的语义检索。这使得用户在搜寻知识时不需要进行大量的搜寻工作,只需通过推理实现概念检索,就能实现准确定位、获取自己所需。人们与智能机器人通过非结构化问句进行对话,非结构化问句可以通过知识图谱解析成结构化问句。以上不仅能够实现智能机器人与人类通过人类语义进行对话,还能够让智能机器人更为精准地获取人类需求。

(三)云计算

云计算可使不同空间的智能机器人实现信息共享,相当于人类信息传递中的纽带。云计算是由基础设施层、平台层、应用层组成的计算系统,它不仅可以为用户提供硬件服务、软件服务、数据资源服务等,还能为用户提供配置服务平台。云计算的出现让计算能力能够成为一种流通商品,成为一种公共基础设施。基础设施层是计算资源和存储资源,不仅能保证虚拟化的计算资源、存储资源,还能保障用户使用时的网络畅通。平台层集并行程序的设计开发、海量数据的分布式存储、实现云计算的系统管理于一体。

应用层以软件应用服务和用户交互接口的方式进行对接。云计算系统具备以下三个特征:服务质量的保障;高安全、可靠、可用、扩放性;自治性。智能机器人可以借用云计算机进行大规模计算,并能通过该技术快速认知世界。如若智能机器人本身不能提供足够的算力,可通过云计算平台进行算力分流,为智能机器人扩展虚拟资源,满足算力需求。

二、智能机器人的关键技术发展

(一)智能感知与信息融合技术

1. 智能感知技术

机器人对环境的智能感知,即机器人能够根据自身所携带的传感器获取所在周围环境的环境信息,然后把环境中的有效信息进行处理并加以理解,最后建立一个所在环境的模型来对环境信息进行表达。包括通过记忆、学习、判断、推理等过程,达到认知环境和对象类别与属性的目的。

人类和其他高等动物都拥有全面的感觉器官,可以通过视觉(眼睛)、听觉(耳朵)、触觉(皮肤)、嗅觉(鼻子)、味觉(舌头)来感受外界给予生物体的刺激。同样，可以通过给机器人安装各种各样的传感器来让机器人获取周围的环境信息，传感器就是机器人的"感觉器官"。传感器技术的发展在一定程度上决定着机器人环境感知技术的发展。目前主流的机器人传感器包括视觉传感器、听觉传感器、触觉传感器等。

（1）视觉传感器

视觉传感器具有以下优点。

①视觉系统获取的信息量大，获得的信息也更加丰富，视觉传感器的采样频率较高、周期短。

②受电磁场和传感器之间的相互干扰的影响小。

③一般的视觉传感器集合尺寸较小、占据空间较小、质量较轻、能耗较低。

④视觉传感器的平均价格也比其他类型的传感器要便宜。

出于以上原因，视觉传感器在机器人系统中的应用较为广泛。

视觉传感器可以将环境的光信号转换成电信号。目前，用于获取图像的视觉传感器主要是数码摄像机，包括单目摄像机、双目摄像机、深度图像（RGB-D）摄像机、全景摄像机等。单目摄像机对环境信息的感知能力相对其他种类的视觉传感器而言较弱，只能获取摄像头正前方特定小范围内的二维环境信息；双目摄像机对环境的感知能力强于单目摄像机，可以通过左右视差在一定程度上感知三维环境信息，但对距离的感知还不够准确，而且只有在图像纹理变化丰富的地方才能计算双目视差；RGB-D摄像机能够主动测量每个像素的深度，测量深度之后，RGB-D摄像机通常按照生产时的各个摄像机摆放的位置，自己完成深度与彩色图像素之间的配对，输出对应的彩色图和深度图；全景摄像机设有一个鱼眼镜头或者一个反射镜面（如抛物线、双曲线镜面等）或者多个朝向不同方向的普通镜头，拥有360度全景视场，能在360度范围内感知环境信息，获取的信息量大，更容易表示外部环境信息。

（2）听觉传感器

听觉是机器人系统感知周围环境很重要的一种感知能力。尽管听觉定位精度比视觉定位精度低很多，但是听觉定位是全向性的，传感器阵列能够接收空间中任何方向上的声音。依靠听觉传感器可以在黑暗环境或者光线很暗的工作环境中进行声源的定位和语音的识别。而在这些工作环境下，视觉传感器会受到一定的局限。目前，听觉感知还被广泛用于感受在介质中传递的声波。声波传感器中最常见的是超声波传感器。超声波传感器体积小、响应快、价格低、性能稳定，因而广泛应用于各种机器人中，是机器人最常用的测距传感器之一。但超声波传感器角度分辨率低、不精确,容易产生虚假和多重反射回波信号,增加了特征匹配的难度。

(3) 触觉传感器

触觉是机器人获取环境信息的一种仅次于视觉的重要知觉形式,是机器人实现与环境直接作用的必需媒介。与视觉不同,触觉本身有很强的敏感能力,可直接测量对象和环境的多种性质特征。因此,触觉不仅仅只是视觉的一种补充。触觉的主要任务是为获取对象与环境信息以及为某种作业任务而对机器人与对象、环境相互作用时的一系列物理特征量进行检测或感知。机器人触觉与视觉一样基本上是模拟人的感觉的,广义地说它包括触觉、压觉、力觉、滑觉、冷热觉等与接触有关的感觉,狭义地说它是机械手与对象接触面上的力感觉。

一般来说,一个有效的人工智能系统是基于其感知、记忆和思维能力以及学习、自适应及自主的行为能力等构建的系统。自21世纪以来,无人驾驶汽车已经成为各国政府鼓励的重大发展计划之一。

目前,无人驾驶汽车已经实现了城市、环路及高速道路混合路况下的全自动驾驶,并实现了多次跟车减速、变道、超车、上下匝道、调头等复杂驾驶动作。无人驾驶汽车的重要支撑技术之一就是智能感知,需要利用车上和路上安装的各种传感器获取路况和环境信息,并利用智能推理达到正确识别路况和环境的目的,在此基础上才能完成自动驾驶的任务。

随着人们对环境问题的关注程度越来越高,用于环境感知的无线传感网络的出现为获取研究数据提供了便利,并且还可以避免传统数据收集方式给环境带来的侵入式破坏。无线传感器网络还可以跟踪候鸟和昆虫的迁移,研究环境变化对农作物的影响,检测海洋、大气和土壤的成分等。此外,它也可以应用在精细农业中,来检测农作物中的虫害、土壤的酸碱度和施肥状况等。

现代智能感知系统的一个重要技术手段就是能够获取足够的传感信息和由之产生的特征信息。各种传感器的信息具有不同的特征,而智能感知的重要任务之一是要从各种传感信息中抽取对象的各种特征,获取了对象和环境的各种特征之后,智能感知的另一重要任务是判断和推理。实际上,每种传感器仅能给出目标和环境的部分特征信息,如何利用各种类别的特征信息来确定目标和环境的类别与属性,需要基于信息融合来判断和推理。

2. 信息融合技术

(1) 信息融合的概念

信息融合作为多源信息综合处理的一项新技术,它能将来自某一目标的多源信息加以智能化合成，产生比单一信息源更精确、更完全的估计和判决。

信息融合的概念始于20世纪70年代初期，来源于军事领域中的通信、指挥、控制与情报（C3I）系统的需要，当时称为多源相关、多传感器混合信息融合，并于20世纪80年代建立其技术。虽然信息融合这一术语大量出现在文献资料中，但迄今为止对其尚未有一个普遍适用的和明确的定义，出现这种情况的原因在于这一研究领域覆盖范围的广泛性和多样性。

信息融合又称数据融合，美国国防部联合指挥实验室（JDL）从军事应用的角度将信息融合定义为这样的一个过程：把来自许多传感器和信息源的数据和信息加以联合、相关和组合，以获得精确的位置估计和身份估计，以及对战场情况和威胁及其重要程度进行适时的完整评价。这一定义基本上是对信息融合技术所期望达到的功能的描述，包括低层次上的位置和身份估计，以及高层次上的态势估计和威胁估计。

学者爱德华·华兹（Edward Waltz）和詹姆斯·利纳斯（James Linas）对上述定义进行了补充和修改，用状态估计代替位置估计，并加上了检测功能，从而给出了以下定义：信息融合是一种多层次的、多方面的处理过程，这个过程是对多源数据进行检测、结合、相关、估计和组合以达到精确的状态估计和身份估计，以及完整、及时的态势评估和威胁估计。到目前为止，一种较好的定义如下：信息融合是一种形式框架，其过程是用数学方法和技术工具综合不同源信息，目的是得到高品质的有用信息。这种"高品质"的含义在不同的应用中有所不同。

（2）信息融合的原理

信息融合就像人脑综合处理信息的过程一样，它充分利用系统中多个传感器资源，通过对各种传感器及其观测信息的合理支配和使用，将各种传感器在空间和时间上的互补与冗余信息根据某种优化准则结合起来，产生对观测环境的一致性解释或描述。具体地说，信息融合原理如下。

① N 个不同类型的传感器（有源或无源的）收集观测目标的数据。

② 对传感器的输出数据（离散的或连续的时间函数数据、输出矢量、成像数据或一个直接的属性说明）进行特征提取的变换，提取代表观测数据的特征矢量。

③ 对特征矢量进行模式识别处理（如聚类算法、自适应神经网络或其他能将特征矢量变换成目标属性判决的统计模式识别法等），完成各传感器关于目标的说明。

④将各传感器关于目标的说明数据按同一目标进行分组，即关联。

⑤利用融合算法将每一个目标传感器数据进行合成，得到该目标的一致性解释与描述。

（3）信息融合的特点

爱德华·华兹和詹姆斯·利纳斯在其著作中阐述了多传感器系统的优越性，其中包括以下几点。

①提高了信息的可信度。利用多传感器能够更加准确地获得环境与目标的某一特征或一组相关特征，整个系统所获得的综合信息与任何单一传感器所获得的信息相比，具有更高的精度和可靠性。

②增加了目标特征矢量的维数。各个传感器性能相互补充，收集到的信息中不相关的特征增加了，整个系统获得了任何单个传感器所不能获得的独立特征信息，可显著提高系统的性能，使多传感器系统不易受到自然现象的破坏或外界的干扰。

③降低了获得信息的费用。与传统的单个传感器系统相比，在相同的时间内，多传感器系统能够获得更多的信息，从而降低了获得信息的费用，这在测量运动速度快的目标时尤为重要。

④减少了信息获取的时间。由于多传感器系统的信息处理是并行的，从而大大缩短了系统信息处理的同源多传感器加权信息融合算法的研究总时间。

⑤提高了系统的容错能力。由于多个传感器所采集的信息具有冗余性，当系统中有一个甚至几个传感器出现故障时，尽管某些信息减少了，但仍可通过其他传感器获得有关信息，使系统继续运行，具有很好的容错能力。

⑥提高了整个系统的性能。国外已从理论上证明了，通过信息融合而获得的对环境或目标状态的最优估计，不会使整个系统的性能下降。

（4）信息融合的系统结构

信息融合的系统结构研究包含两部分，即信息融合的层次问题和信息融合的体系结构。信息融合的层次结构主要从信息的角度来分析融合系统，信息融合的体系结构则主要从硬件的角度来分析融合系统。

①信息融合的层次结构。信息融合的层次（级别）问题主要研究在信息处理的哪个阶段（层次）上对传感器信息进行综合处理与分析。对于信息融合的层次或级别问题，人们存在着不同的看法。这里主要介绍被多数学者普遍认可的三层融合，即数据层融合、特征层融合和决策层融合。

第一，数据层融合。数据层融合是对来自同等量级的传感器原始数据直接进行融合,是在多个传感器的原始测试数据未经预处理之前就进行的综合与分析,这是最低层次的融合。这一层次的主要优点如下:能保持尽可能多的现场数据,提供其他融合层次所不能提供的细微信息。其不足之处如下:所要处理的传感器数据量太大,故处理代价大、时间长、适时性差;这一层次的信息融合是最低层次的,传感器原始数据的不确定性、不安全性和不稳定性要求其在融合时传感器有较强的纠错能力;由于是原始数据直接关联,所以要求各传感器的信息是来自同类型或相同量级的。

第二,特征层融合。特征层融合属于中间层次融合,其融合过程为先对来自传感器的原始信息进行特征提取(特征可以是被观测对象的各种物理量),然后对特征信息进行综合分析和处理。特征层融合可划分为目标状态数据融合和目标特性融合两大类。

特征级目标状态数据融合主要用于多传感器目标跟踪领域。融合系统首先对传感器数据进行预处理以完成数据校准,然后实现参数相关的状态向量估计。特征级目标特性融合就是特征层联合识别,融合方法是模式识别的相应技术,只是在融合前必须先对特征进行相关处理,把特征向量分成有意义的组合。

特征层融合的优点:实现了可观的信息压缩,有利于实时处理,并且由于所提取的特征直接与决策分析有关,因而融合结果能最大限度地给出决策分析所需要的特征信息。目前大多数C3I系统的信息融合研究都是在该层次展开的。

第三,决策层融合。决策层融合是一种高层次融合,其结果为检测、控制、指挥、决策提供依据。它必须从具体决策问题的需求出发,充分利用特征层融合所提取的测试对象的各种特征信息,采用适当的融合技术来实现。决策层融合是三级融合的最终结果,是直接针对具体决策目标的,融合结果直接影响决策水平。

②信息融合的拓扑结构。这一结构主要有集中式、分散式、混合式、反馈式等几种。

第一,集中式。信息融合中心直接接收来自被融合传感器的原始信息,此时传感器仅起到了信息采集的作用,不预先对数据进行局部处理和压缩,因而对信道容量要求较高,一般适用于小规模的融合系统中。

第二,分散式。在分散式信息融合系统中,各传感器本身的处理器已完成局部的信息处理,只向信息融合中心提供局部处理的结果。这一结构带来的优点是结构冗余度高、计算负荷分配合理、信道压力轻,但由于各传感器进行了局部信息处理,阻断了原始信息间的交流,可能会导致部分信息的丢失。

第三，混合式。混合式信息融合的结构吸收了分散式和集中式信息融合结构的优点，既有集中处理，又有分散处理，各传感器信息均可被多次利用。这一结构能得到比较理想的融合结果，适用于大型的信息融合，但其结构复杂，计算量很大。

第四，反馈式。当系统对处理的实时性要求很高的时候，如果总是试图强调以最高的精度去融合多传感器系统的信息，则无论融合的速度多快都不可能满足要求，这时，利用信息的相对稳定性和原始积累对融合信息进行反馈再处理将是一种有效的途径。当多传感器系统对外部环境经过一段时间的感知，传感系统的融合信息已能够表述环境中的大部分特征，此时该信息对新的传感器原始信息融合具有很好的指导意义。信息融合中心不仅接收来自传感器的原始信息，而且接收已经获得的融合信息，这样能够大大提高信息融合的处理速度。

（5）信息融合的方法

利用多个传感器所获取的关于对象和环境全面、完整的信息，主要体现在融合算法上。因此，多传感器系统的核心问题是选择合适的融合算法。对于多传感器系统来说，信息具有多样性和复杂性，因此，对信息融合方法的基本要求是具有鲁棒性和并行处理能力。此外，还有方法的运算速度和精度、与预处理系统和后续信息识别系统的接口性能、与不同技术和方法的协调能力、对信息样本的要求等。一般情况下，基于非线性的数学方法，如果它具有容错性、自适应性，以及联想记忆和并行处理能力，则都可以用来作为融合方法。

信息融合虽然未形成完整的理论体系和有效的融合算法，但在不少应用领域根据各自的具体应用背景，已经提出了许多成熟并且有效的融合方法。信息融合的常用方法如下。

①加权平均法，是信号级融合方法中最简单、最直观的方法，该方法对一组传感器提供的冗余信息进行加权平均，其结果作为融合值，是一种直接对数据源操作的方法。

②卡尔曼滤波法，主要用于融合低层次实时动态的多传感器冗余数据。该方法用测量模型的统计特性递推，决定统计意义下的最优融合和数据估计。如果系统具有线性动力学模型，且系统与传感器的误差符合高斯白噪声模型，则卡尔曼滤波将为融合数据提供唯一统计意义下的最优估计。卡尔曼滤波的递推特性使系统处理不需要大量的数据存储和计算。但是，采用单一的卡尔曼滤波器对多传感器组合系统进行数据统计时，存在很多严重的问题，如在组合信息大量冗余的情况下，计算量将以滤波器维数的三次方剧增，实时性不能满足；传感器子系统的

增加使故障随之增加，在某一系统出现故障而没有来得及被检测出时，故障会污染整个系统，使可靠性降低。

③经典推理技术完全依赖数学理论，其优点是有严格的数学理论作基础，但当把它用于多变量统计时，就要求有先验知识和计算多维概率密度函数，这对于实际应用是一个限制。另外，它还有其他缺点：只能同时估计两个假设；在多变量数据情况下其复杂性急剧上升。所以在信息融合中很少使用。

④贝叶斯估计为数据融合提供了一种手段，是融合静环境中多传感器高层信息的常用方法。它使传感器信息依据概率原则进行组合，测量不确定性以条件概率表示，当传感器组的观测坐标一致时，可以直接对传感器的数据进行融合，但大多数情况下，传感器测量数据要以间接方式采用贝叶斯估计进行数据融合。多贝叶斯估计将每一个传感器作为一个贝叶斯估计，将各个单独物体的关联概率分布合成一个联合的后验的概率分布函数，通过使用联合分布函数的似然函数为最小，提供多传感器信息的最终融合值，融合信息与环境的一个先验模型提供整个环境的一个特征描述。

⑤D-S证据推理是对贝叶斯推理的扩充，其三个基本要点是基本概率赋值函数、信任函数和似然函数。D-S方法的推理结构是自上而下的，分三级：第一级为目标合成，其作用是把来自独立传感器的观测结果合成为一个总的输出结果；第二级为推断，其作用是获得传感器的观测结果并进行推断，将传感器观测结果扩展成目标报告，这种推理的基础是一定的传感器报告以某种可信度在逻辑上会产生可信的某些目标报告；第三级为更新，各种传感器一般都存在随机误差，所以在时间上充分独立地来自同一传感器的一组连续报告比任何单一报告更可靠。因此，在推理和多传感器合成之前，要先组合（更新）传感器的观测数据。

⑥参数化模板法是通过对观测数据与先验模板匹配处理，来确定观测数据是否支持模板所表征的假设的，即在参数化模板中多传感器数据在一个时间段中得到，多源信息和预挑选的条件进行匹配，以决定观测是否包含确认实体的证据。参数化模板法可用于时间检测、态势评估和单个目标确认。

⑦聚类算法是指利用生物科学和社会科学中众所周知的一组启发式算法，根据预先指定的相似标准把观测分为一些自然集合或类别，再把自然组与目标预测类型相关。

⑧神经网络是经过样本训练过的硬件或软件系统，它把输入数据矢量经过非线性转换投影到网络输出端产生输出矢量，输入数据到输出分类的变换由人工神

经元模仿生物神经系统的功能完成,这样一种转换就使得人工神经网络具有数据分类功能。虽然这种分类功能在某种程度上类似于聚类算法,但是,特别当输入数据中混有噪声时,人工神经网络的优点更加突出。

⑨投票方法是指结合多个传感器的检测或分类,将每个传感器的检测结果按照多数、大多数或决策树规则进行投票。

⑩熵度量技术借用了通信理论中的信息熵的术语,用事件发生的概率来度量事件中的信息的重要性。经常发生的消息或数据的熵比较小,而偶然或很少发生的事件的熵较大,度量信息熵的函数随着收到的信息的概率的增大而减小。

⑪优化图解法是根据似是而非的或试探式的论据得到的矩阵来获得观测和目标实体之间的相关度的。它们包括度量实体和事件相关性的力度的算法的灵活集合。这一技术试图建立几个变量之间的关系,以提高输入数据的相关性或分类。有时,也把优化图解法看作参数模板法,因为它把预期的观测、行为、逻辑关系或其他根据映射到目标实体。

⑫相关性度量是对优化图解法进行加权结合得到的方法。它允许计算由很多个优化图解组成的系统的相关性度量。因此,相关性度量代表两个实体之间的整体似然度。

⑬产生式规则采用符号表示目标特征和相应传感器信息之间的联系,与每一个规则相联系的置信因子表示它的不确定性程度。当在同一个逻辑推理过程中,两个或多个规则形成一个联合规则时,可以产生融合。应用产生式规则进行融合的主要问题是每个规则的置信因子的定义与系统中其他规则的置信因子相关,如果系统中引入新的传感器,则需要加入相应的附加规则。

⑭模糊逻辑是多值逻辑,通过指定一个 0～1 之间的实数表示真实度,相当于隐含算子的前提,允许将信息融合过程中的不确定性直接表示在推理过程中。如果采用某种系统化的方法对融合过程中的不确定性进行推理建模,则可以产生一致性模糊推理。与概率统计方法相比,逻辑推理具有许多优点,它在一定程度上克服了概率论所面临的问题,它对信息的表示和处理更加接近人类的思维方式,一般比较适合于在高层次上的应用(如决策),但是,逻辑推理本身还不够成熟和系统化。此外,由于逻辑推理对信息的描述存在很大的主观因素,所以,信息的表示和处理缺乏客观性。模糊集合理论对于数据融合的实际价值在于它外延到模糊逻辑。模糊逻辑是一种多值逻辑,隶属度可视为一个数据真值的不精确表示。不确定性可以用模糊逻辑表示,然后使用多值逻辑推理,根据模糊集合理论的各种演算对各种命题进行合并,进而实现数据融合。

（6）信息融合的关键问题和研究方向

①信息融合的关键问题主要包括以下几方面。

第一，异类数据在时间上的不同步。数据率不一致以及测量维数不匹配等特点，使得对这些信息的处理更加困难。

第二，传感器观测数据的不确定性。由于传感器工作环境的不确定性，导致观测数据包含噪声成分。在融合处理过程中，需要对多源观测数据进行分析验证，并补充综合，在最大限度上降低数据的不确定性。

第三，不完整、不一致及虚假数据。在信息融合系统中，对传感器接收到的测量数据有时会存在多种解释，称之为数据的不完整性。多传感器数据往往也对观测环境做出不一致甚至相互矛盾的解释，另外，由于噪声及干扰因素的存在，往往存在一些虚假的测量数据。信息融合系统需要能够对这些不完整、不一致以及虚假数据进行有效的融和处理。

第四，数据关联。数据关联问题广泛存在，需要解决单传感器在时间域上的关联问题，以及多传感器在空间域上的关联问题，从而能够确定源于同一目标源的数据。

第五，粒度。多传感器提供的数据可能是在不同的粒度级别上的。这些数据可以是稀疏的，也可以是稠密的。它们也可能分别处于数据层、特征层或者决策层等不同的抽象级别上，所以一个可行的融合方案应该可以工作在各种不同粒度的级别上。

第六，态势数据库。态势数据库为各个级别上的融合处理提供实时和非实时数据。这些数据包括多传感器观测数据、融合的中间结果数据、有关目标和环境的辅助信息以及进行融合处理所需要的历史信息等。对整个信息融合系统中的态势数据库的要求是容量要大、搜索要快、开放互联性要好，并且具有良好的人机接口。因此，要开发更有效的数据模型、新的有效查找和搜索机制以及分布式多媒体数据库管理系统等。

②信息融合技术的主要研究和发展方向应包括以下几方面。

第一，确立具有普遍意义的信息融合模型标准和系统结构标准。目前已有的信息融合模型大多脱胎于军事应用领域，具有较浓重的军事应用色彩，而且对系统的融合层次结构存在着不同的看法，因此需要确立较为统一的标准，以方便相互交流。

第二，将信息融合技术应用到更广泛的新领域。虽然信息融合已经从军事领域扩展到民用领域，但是它涉及的领域还有扩展的余地，比如说智能建筑系统集结等。

第三，改进融合算法以进一步提高融合系统的性能。目前，将模糊逻辑、神经网络、遗传算法、支持向量机、小波变换等计算智能技术有机地结合起来，已经成为一个重要的发展趋势。各种算法按照优势互补原则相互结合，以克服单独使用一种算法时存在的不足。

第四，开发相应的软件和硬件，以满足具有大量数据且计算复杂得多传感器融合的要求。

3. 智能感知与信息融合技术的应用

智能感知和信息融合技术的最佳应用体现是在智能机器人的研究上，如智能机器人的仿生机构的基本原理研究和探索，机器人视觉中的三维信息获得与理解，智能机器人的行为控制、环境建模与处理等。智能机器人在专家系统和知识库的支持下，依靠自身的感觉系统综合信息、识别环境、做出决策。美国哥伦比亚大学将立体视觉、滑觉和超声波传感器用在移动机器人上，研发了一种基于信息融合的机器人物体识别系统——ALLEN，在该系统中采用卡尔曼滤波技术融合传感器信息取得成功，该系统可以用于物体识别的假设与验证。

随着经济与社会的不断发展，信息融合技术已经应用到民用领域，其主要应用是在智能交通和工业机器人的故障诊断以及汽车无人驾驶等方面。在汽车无人驾驶的应用上，通过采用信息融合技术的控制系统来完成汽车的无人驾驶。这个控制系统安装了定位系统、惯性传感器、数字地图等多种功能，能够实时控制汽车的行驶方向并且还能够自动检测出地面地段的形状，同时，该系统还可以对前方的路况、障碍物进行检测，使得无人驾驶汽车更具有安全性和稳定性。实践证明，应用智能感知和信息融合技术的无人驾驶汽车具备足够的安全性。

信息融合技术已经广泛应用于军事领域，欧美等国家都已经构建了上百个以数据融合为核心技术的军事系统。例如：美国的空军指挥员自动情报保障系统、全源信息分析系统等；英国研发的信息融合系统包括了炮兵智能信息融合系统、机动和控制系统等。英国研发的"分布数据融合"最巧妙的地方在于其利用数据融合技术当中的分布式技术进行组合。我国当前针对空-空防御、海上监视及地空防御为一体化的战略防御系统的研究工作也在稳步进行中。

信息融合技术方兴未艾,几乎一切信息处理方法都可以应用于信息融合系统。随着传感器技术、数据处理技术、计算机技术、网络通信技术、人工智能技术、并行计算软件和硬件技术等相关技术的发展，尤其是人工智能技术的进步，新的、更有效的信息融合方法将被不断推出，信息融合技术必将成为未来复杂工业系统智能检测与数据处理的重要技术，其应用领域将不断扩大。信息融合技术不是一项单一的技术，而是跨学科的综合理论和方法，并且是一个不很成熟的新研究领域，尚处在不断变化和发展过程中。

信息融合的发展趋势包括以下几方面。

①建立统一的融合理论、数据融合的体系结构和广义融合模型。

②解决数据配准、数据预处理、数据库构建、数据库管理、人机接口、通用软件包开发问题，利用成熟的辅助技术建立面向具体应用需求的信息融合系统。

③将人工智能技术如神经网络、遗传算法、模糊逻辑、专家理论等引入数据融合领域。

④利用集成的计算智能方法如模糊逻辑 + 神经网络、遗传算法 + 模糊逻辑 + 神经网络等提高信融合的性能。

⑤解决不确定性因素的表达和推理演算。

⑥利用有关的先验数据提高数据融合的性能，研究更加先进复杂的融合算法（如在未知和动态环境中，采用并行计算机结构多传感器集成与融合方法的研究等）。

⑦在多平台／单平台、异类／同类多传感器的应用背景下，建立计算复杂程度低同时又能满足任务要求的数据处理模型和算法。

⑧构建数据融合测试评估平台和多传感器管理体系。

⑨将已有的融合方法工程化与商品化，开发能够提供多种复杂融合算法的处理硬件，以便在数据获取的同时实时地完成融合。

（二）智能定位与智能导航技术

机器人的智能定位技术解决了机器人对自身在环境中的感知问题，而智能导航技术解决了机器人到哪里去的问题。这两种技术对于自主型智能机器人非常重要，智能定位是智能导航的前提，而智能导航则是智能定位的目的，下面就智能定位技术与智能导航技术的发展分别进行阐述。

1. 智能定位技术

在智能机器人导航中，无论是局部实时避障还是全局规划，都需要精确地知道智能机器人的当前状态，这就是智能机器人的定位问题。

基础的智能机器人定位技术指的就是相关操作人员利用导航进行相应指令的下发，保证智能机器人在不同的工作环境中运作，并且相关人员可以根据实际的工作环境特征进行自身位置的定位。相关研究人员能利用相应的传输数据进行集中化的项目分析，建立必要的任务判断，然后在基础的结构化或者非结构化的工作环境中进行基础决策的制定，以保证智能机器人的实际操作。

目前，比较成熟的定位传感器装置可以分为两类：被动式传感器系统和主动式传感器系统。智能机器人定位系统则主要有相对定位系统和绝对定位系统。相对定位系统通过测量智能机器人相对于初始位置的距离和方向来确定智能机器人的当前位姿；绝对定位系统则通过测量智能机器人的绝对位姿来实现定位。

具体来讲，智能定位的传感器有很多：基于无线电三角定位技术大致有实时动态（Real-time Kinematic，RTK）定位技术、超宽带（UWB）定位技术和无线保真（WiFi）定位技术；基于特征识别进行定位的方式主要有视觉里程计技术与激光雷达（包括二维激光雷达与三维激光雷达）定位技术。下面就这五种智能定位技术进行阐述。

（1）RTK定位技术

RTK是实时处理两个测量站载波相位观测量的差分方法，将基准站采集的载波相位发给用户接收机，进行求差解算坐标。这是一种新的常用的卫星定位测量方法，以前的静态、快速静态、动态测量都需要事后进行解算才能获得厘米级的精度，高精度的全球定位系统（GPS）测量必须采用载波相位观测值。RTK定位技术就是基于载波相位观测值的实时动态定位技术，它能够实时地提供观测站在指定坐标系中的三维定位结果，并达到厘米级精度。在RTK作业模式下，基准站通过数据链将其观测值和观测站坐标信息一起传送给流动站。流动站不仅通过数据链接收来自基准站的数据，还要采集GPS观测数据，并在系统内组成差分观测值进行实时处理，同时给出厘米级定位结果，历时不足一秒钟。流动站可处于静止状态，也可处于运动状态；可在固定点上先进行初始化后再进入动态作业，也可在动态条件下直接开机，并在动态环境下完成整周模糊度的搜索求解。

（2）UWB定位技术

UWB是一种无线电技术，可以在很大一部分无线电频谱上使用非常低的能量水平进行短程、高带宽的通信，其最新应用有目标传感器数据采集、精确定位和跟踪应用。超宽带以前被称为脉冲无线电，但国际电信联盟（ITU-R）目前将UWB定义为发射信号带宽超过500 MHz或算术中心频率为20%的天线传输。因此，每个传输脉冲占用UWB带宽［或至少500 MHz窄带载波的总和，如正交频分复用（OFDM）］的基于脉冲的系统可以根据规则访问UWB频谱。脉冲重复率可能很低或很高，基于脉冲的UWB雷达和成像系统往往使用低重复率，通信系统支持高重复率，从而实现短距离千兆每秒通信系统。基于脉冲的UWB系统中的每个脉冲占用整个UWB带宽,这使得UWB能够获得对多径衰落的相对抗扰性的好处,而不像基于载波的系统那样容易受到深度衰落和码间干扰。

(3) WiFi定位技术

WiFi定位技术(WPS)是一种地理定位系统,利用附近WiFi热点和其他无线接入点的特性来发现设备的位置。当卫星导航如GPS因各种原因(包括室内多径和信号阻塞)而不足时或当获取卫星定位需要很长时间时,可使用这种方法。WiFi定位系统包括室内定位系统,其利用了21世纪初城市地区无线接入点的快速增长。用于无线接入点定位的最常见和最广泛的定位技术是基于测量接收信号的强度和"指纹"方法,准确度取决于附近接入点的数量,这些接入点的位置已经输入数据库中。WiFi热点数据库通过将移动设备GPS位置数据与WiFi热点介质访问控制(MAC)地址相关联来填充,可能发生的信号波动会增加用户路径中的错误,为了尽量减少接收信号的波动,有些技术可以用来过滤噪声。由于增强现实、社交网络、医疗保健监控、个人跟踪、库存控制和其他室内位置感知应用的使用越来越多,准确的室内定位对基于WiFi的设备变得越来越重要。

(4) 视觉里程计技术

在机器人学和计算机视觉中,视觉里程测量是通过分析相关的摄像机图像来确定机器人位置和方向的过程。视觉里程测量是利用连续摄像机图像确定等效里程信息来估计行驶距离的过程。视觉里程计可以提高机器人或车辆在任何表面使用任何类型的运动的导航精度。自身运动是指摄像机在环境中的三维运动,在计算机视觉领域,自身运动是指估计摄像机相对于刚性场景的运动。自身运动的一个例子是估计车辆相对于从车辆本身观察到的道路或街道标志线的移动位置。在自主机器人导航应用中,自身运动的估计很重要。

评估摄像机运动的目的是使用摄像机拍摄的一系列图像来确定摄像机在环境中的三维运动。评估摄像机在环境中的运动过程涉及对移动摄像机拍摄的一系列图像使用视觉里程计技术。通常使用特征检测来构造来自两个图像帧的光流,序列由单个摄像头或立体摄像头生成,每个帧使用立体图像有助于减少错误并提供额外的深度和比例信息,然后在第一帧中检测特征、在第二帧中匹配。随后利用这些信息对这两幅图像中检测到的特征进行光流场分析,光流场说明了特征是如何从一个单一的点(扩展的焦点)发散的。从光流场中可以检测到膨胀的焦点,指示摄像机的运动方向,从而提供摄像机运动的估计。还有其他方法可以从图像中提取电子运动信息,包括避免特征检测和光流场、直接使用图像强度的方法。

（5）激光雷达定位技术

激光雷达定位技术旨在解决两类问题，即全局定位和姿态跟踪。全局定位通常用于在环境中提供初始姿态或解决绑架问题。激光雷达定位技术主要分为两类，即基于蒙特卡罗法的定位算法和基于扫描匹配的定位算法。蒙特卡罗法是一种近似方法，能够表示较宽的分布空间，这使得该方法能够全局定位机器人并能连续跟踪机器人。为了解决绑架问题，需引入随机样本，使机器人能够重新定位到新的姿态。此外，如果机器人位于对称环境中，蒙特卡罗定位可能会过早收敛。引入一种防止过早收敛的机制，利用"参考相对向量"来修改每个样本的权重，可以提高蒙特卡罗算法在高度对称环境中的应用性能。

2. 智能导航技术

（1）导航方式分类

智能机器人导航方式有许多，根据所用的传感器不同，常见的导航方式有磁导航、惯性导航、激光导航、视觉导航、GPS 导航、陀螺仪导航、磁罗盘导航、光电编码器导航等。由于信息融合技术的发展，导航不再使用单一的传感器，一般在室内工作的智能机器人都配有多种传感器，融合更多的传感器信息，更加了解环境信息。

根据环境信息的完整程度、导航指示信号类型等因素的不同，导航方式可以分为以下几类。

①基于地图的导航。基于地图的导航完全依靠在智能机器人内部预先保存好的或创建的关于环境的几何模型或拓扑地图等比较完整的信息，在事先规划出全局路线的基础上，采用路径跟踪和避障技术，实现智能机器人导航。

②基于创建地图的导航。基于创建地图的导航是利用各种传感器（如里程计、超声波、激光测距仪、视觉传感器等）来创建关于当前环境的几何模型或者拓扑模型地图，然后利用这些模型来实现导航。

③无地图的导航。无地图的导航是指在环境信息完全未知的情况下，可以通过摄像机或者其他传感器（如超声波、红外线测距仪、激光测距仪等）对周围环境进行探测，利用对探测的物体进行识别或者跟踪来实现导航。

当智能机器人对周围环境并不完全了解时，还可采用基于路标的导航策略，也就是将环境中具有明显特征的景物存储在智能机器人内部，智能机器人通过对路标的探测来确定自己的位置，并且将全局路线分解成路标与路标之间的片段，再通过一连串的路标探测和路标制导来完成导航任务。实际上在相对规整的环境中，还可以在路面或者路边画出一条明显的路径标志线，智能机器人在行走的过程中利用传感器不断地对标志线进行探测，并且调整行进路线与标志线的偏差，当遇到障碍时或者停下等待或者绕开障碍，避障后再根据标志线的指引回到原来的路线，最终在标志线的指引下到达指定的目的地。

（2）导航系统分类

根据导航系统采用的硬件不同，可将目前的导航系统大致分为视觉导航系统和非视觉传感器组合导航系统。根据已经取得的智能机器人导航的研究成果，我们认为视觉导航和非视觉其他传感器的融合将是智能机器人导航的未来发展方向。视觉传感器以面为单位获取信息，而非视觉传感器则主要以点或者线来获取信息，通常的做法是先进行非视觉传感器组合导航，然后结合视觉传感器来规划导航系统，使智能机器人具备更多的性能。对于智能机器人而言，往往采用先搜集环境信息，然后进行路径规划与实时避障方法相结合的方式进行导航。

①视觉导航系统。视觉导航系统在导航中主要起到环境（障碍物和路标）探测和辨识（路标的识别）的作用。这里障碍物被定义为高出或者低于"地面"的物体。视觉导航的优点在于具有很高的空间和灰度分辨率，其探测的范围广、精度高，能够获取场景中绝大部分信息。其缺点是难以从背景中分离出要探测的目标，而且为了将障碍物与背景分开，所需的图像计算量很大，会导致导航系统的实时性能较差，可以采用一些特殊图像处理算法和并行处理技术来克服这些缺点。

目前，视觉导航信息处理的内容包括以下几方面：视觉信息的压缩和滤波、路面和障碍物检测、环境特定标志的识别、三维信息感知与处理。其中，路面和障碍物检测是视觉信息处理中最重要和最困难的过程，视觉信息的获取是局部路径规划和导航的基础，路面和障碍物检测的成功与否决定了智能机器人能否正确地识别当前的地面环境，能否正确地做出局部路径规划，并且执行路径跟踪。

②非视觉传感器组合导航。为了让智能机器人正常工作，必须对智能机器人的位置、姿态、速度和系统内部状态等进行监控，还要感知智能机器人所处的工作环境的静态和动态信息，使得智能机器人相应的工作顺序和操作内容能够自然地适应工作环境的变化。有效地获取内部和外部信息，对智能机器人的正常工作、提高工作效率、节省能源和防止意外事故都是非常重要的。在非视觉传感器组合导航中，传感器的选择在很大程度上影响了智能机器人的导航质量。传感器主要用来探测环境信息，其种类很多，如探针式、电容式、电感式、力学传感器，雷

达传感器，光电传感器等。但是，针对测距和障碍探测的特殊要求，目前采用得最多的导航传感器仍然是红外线和超声波传感器。

超声波传感器是目前应用较广泛的测距工具，具有信息特性直接、处理简单、价格低廉等优点。但是，超声波传感器的探测波束角度过大、方向性差、空间分辨率很低、稳定性不理想等缺点，使其只能提供场景中尺度较大的物体区间距离，不能描述目标图像边缘和形状细节信息，在导航系统规划中，常采用其他传感器（如红外线传感器）来进行补偿，在将来还会采用多传感器融合技术。

由于现有传感器普遍存在着有效探测范围小、数据可靠性低等缺点，在实际应用中往往使用多种传感器共同工作，并且采用传感器融合技术对检测数据进行分析、综合和平衡，利用数据间的冗余和互补特性进行容错处理，以得到所需要的环境特性。传感器之间的冗余数据增强了系统的可靠性，传感器之间的互补数据扩展了单个的性能，多传感器融合系统具有以下优点。

第一，提高系统的可靠性。

第二，扩展时间上和空间上的观测范围。

第三，增强数据的可信任度。

第四，增强系统的分辨能力。

可以说，多传感器信息的融合是智能机器人导航系统的一个重要发展方向。

（3）智能导航的关键技术

在给出机器人的当前位置后，需要给出一条机器人能够到达目标的无碰撞算法。目前有算法能够让机器人在动态环境中导航。智能导航技术大致可以分为两类，即全局导航技术和局部导航技术。下面对两类导航技术分别进行阐述。

①全局导航技术。全局路径规划属于静态规划（又称为离线路径规划），一般应用于机器人运行环境中已经对障碍信息完全掌握的情况下。目前用于全局路径规划的常用方法主要有快速随机搜索树算法、人工蜂群算法、A*算法和迪杰斯特拉（Dijkstra）算法等。

A. 快速随机搜索树算法是一种基于采样的搜索算法，适用于高维非欧空间搜索。快速随机搜索树算法可以处理在多维空间内的不完整性约束问题，它是基于以下设想提出的：将路径规划的起点定为搜索树的根节点，按照规定准则确定搜索树上一个已有节点，然后根据路径规划的约束条件对该节点进行扩展得出一个全新节点，存入搜索树，重复上述方法直到找到终点。该算法既要使随机采样可以令机器人向未被探查过的空间进行探索，又要在探索过程中逐渐完善搜索树。快速随机搜索树算法作为一种快速搜索算法，近年来得到了广泛的关注与应用。

该算法的优点是速度快、搜索能力强、对地图的预处理没有要求。其缺点是搜索时盲目性大，尤其在高维环境下或动态环境中耗时长、计算复杂度高、易陷入死区和存在局部最小值问题。

B. 人工蜂群算法是对大自然中蜜蜂集体采蜜行为进行模仿的一种智能优化方法，其本质是群体智能思想的一个具体实现，它不必了解问题的特定信息，只需对问题进行优劣的比较，通过单独工蜂个体的局部寻优方式，汇总一起最终在群体中使全局最优值突显出来，收敛速度快。

蜜蜂是群居昆虫，单个蜜蜂的采蜜行为极其简单，但由大量个体组成的群体行为却表现出了极其复杂的效果。自然界中真实的蜂群能在任何不同环境下以极高的效率从花丛中采集花蜜，并且它们的环境适应能力极强。由此衍生出的蜂群算法模型包含三个基本组成因素，即食物源、被雇佣的蜜蜂和未被雇佣的蜜蜂。

人工蜂群算法最基本的模型分为因当前最优食物源而召集蜜蜂和因当前较差食物源而放弃召集蜜蜂。

通过以上的介绍，可总结出该算法有以下优点：算法结构简单、易实现，是一种启发式算法；可以实现种群内部分工协作，角色可以互换，并且拥有较强的可靠性；无须先验知识，可根据概率以及随机选取的方法对个体进行搜索。其缺点：开发能力差，同类蜜蜂之间没有交流，没有充分地利用已有个体的信息；在进化过程中收敛速度会因为接近最优解全局最优或局部最优时而减缓，可能陷入局部最优解，在处理复杂问题时耗时长、精度低。

C. A*算法是一种启发式算法，适用于在环境地图已知的情况下进行路径规划的情况，是一种静态的规划方法。它结合了启发式算法和常规方式的优点，在保证寻找到最优路径的前提下，需要搜寻的节点最少。

A*算法是启发式算法，具有评价函数。从初始栅格到目标栅格每一次搜索过程，都需要根据评价函数来判断下一个栅格的位置。其有针对性地搜索相应的栅格，减少了计算量，提高了效率，而且保证是最短路径。A*算法的评价函数（也称为估值函数），可以表示为

$$f(x,y) = g(x,y) + h(x,y) \quad （5-1）$$

式（5-1）中，x和y为栅格横纵坐标；$g(x,y)$表示在空间中从起始栅格到坐标为(x,y)的栅格的实际代价值；$h(x,y)$表示坐标为(x,y)的栅格到目标栅格的启发函数，也就是估计代价值。$g(x,y)$和$h(x,y)$表示为式（5-2）和式（5-3）。

$$g(x,y)=\sqrt{\left(x-x_s\right)^2+\left(y-y_s\right)^2} \qquad (5-2)$$

$$h(x,y)=\sqrt{\left(x-x_e\right)^2+\left(y-y_e\right)^2} \qquad (5-3)$$

其中，(x_s, y_s) 表示起始栅格的位置；(x_e, y_e) 表示目标栅格的位置。

A* 算法的流程描述如下。

步骤一。首先根据环境情况将地图转化为栅格地图形式。建立两个表（LIST），分别为 OPEN 和 CLOSE。其中 OPEN 用于存储未搜索过的栅格；CLOSE 用于存储已经搜索过的栅格。首先初始化两个表，把起点列进 OPEN 中。

步骤二。根据评价函数 $f(x, y)$，计算起点栅格周围 8 个栅格的 $f(x, y)$（不考虑存在障碍物栅格）。将拥有最小 $f(x, y)$ 的栅格的节点加入 CLOSE 中，并判断该节点是否为目标节点。

步骤三。选择 OPEN 中刚存入的元素，此元素对应的 $f(x, y)$ 最小。用该栅格作为下一个考察的栅格，计算该栅格周围的其他 8 个栅格的 $f(x, y)$ 值。考虑如下：

栅格本身是障碍物，不予考虑；

栅格已存在于 CLOSE 中，不予考虑；

栅格已存在于 OPEN 中，重新计算 $g(x, y)$，并更新 $g(x, y)$ 的值；

栅格不存在于两个表中，计算最小的 $f(x, y)$，存入 CLOSE 中，并作为下一次搜索的父栅格。

步骤四。重复步骤三，直到算法能够探索到目标位置处所表示的栅格，表示搜寻成功，按 CLOSE 中倒序获得规划路径；否则，没有搜寻到目标栅格，OPEN 为空，过程失败，没有规划出路径。

D. Dijkstra 算法是由荷兰计算机科学家迪杰斯特拉（Dijkstra）在 1959 年提出的，是用于全局路径规划的一种贪心算法模式。可以利用 Dijkstra 算法得到移动机器人从起始位置（一个节点）到目标位置（其他任意节点）的最短行进路线。主要利用无向图的相关思想，通过节点、边以及权值的关系来构成路径的关系网络。

Dijkstra 算法的优点：可用来解决非负权值有向图的单源最短路径问题，保证找到一条最短路径。相比于 A* 算法，少了估算函数，也就是启发函数 $h(x, y)$。需要遍历的节点很多，效率相对 A* 算法低，这也是 Dijkstra 算法的劣势。

Dijkstra 算法中的输入是一个有向图，假设该有向图为 $G=(V, E)$。该有向图的顶点的集合设为 V，对于连接两顶点的边，都会被算法赋予一个相应的权值，设这些权值的集合为 E。对于 V 中已经遍历过的一组集合，求出顶点最短路径 S；另一组是没有遍历过的顶点，待求最短路径，表示为集合 U。在 Dijkstra 算法运行过程中，初始时刻 S 只存在起始点，Dijkstra 算法通过遍历每观测到一个顶点，则获得其最短路径后，就在 S 中加一个顶点，直至所有的集合 U 中的点都加入第一组集合 S 中，该算法结束。

Dijkstra 算法具体描述如下。

步骤一。起始时，集合 S 中只包含一个点，就是起始点 s，表示为 $S=\{s\}$，记下此时的 num 为 1。而与 S 不同，U 包含了除 s 外的全部顶点，若某两顶点存在连接关系，则存在对应权值，否则为无穷大 ∞。

步骤二。对于集合 U，若对于某顶点 k，s 到 k 权值最小，则令 k 加入集合 S 中，并将 num 加 1。

步骤三。将顶点 k 作为新的考虑的点，改变集合 U 中的其他顶点权值；假设 U 中存在某顶点 u，其与 k 向量相连，若 s 到 k 再到 u 的权值小于直接从 s 到 u 的距离，则修改顶点 u 的权值。否则，舍去原来的权值。

步骤四。循环步骤二、三，至 num=N，所有顶点都在集合 S 中。

②局部导航技术。局部路径规划属于动态规划，一般应用在移动机器人实现从当前位置到全局路径中间某节点处的路径规划。局部路径规划需要实时考虑机器人在当前位置的一小块区域内的所有障碍物（包括动态障碍物）信息，并在此基础上判定该方案的可行性以及给出实际的移动过程方案。目前应用的主要算法包括人工势场法、动态窗口法等。鉴于许多算法是在其基础上延伸发展出的，故不进行一赘述。

第一，人工势场法是一种虚拟力场法，其基本的思想是将机器人的工作空间假想成一个存在引力与斥力的地方，由目标点产生对机器人的引力和机器人与目标点之间的距离有关，引力随着机器人与目标点距离的减小而增大。由障碍物产生的力为机器人所受的斥力，并随机器人与障碍物间距的减小而增大。

整个力场由引力与斥力叠加形成。机器人的运动由引力与斥力的合力控制，从而找到避开障碍物到达目标点的路径。

人工势场法的优点是算法整体结构简单，有利于实时控制，在机器人避障和轨迹平滑方向上具有广泛的应用。该方法的缺点是在通过狭窄区域时，机器人会在障碍物附近产生振荡；容易陷入局部最小值，并且不适用于机器人在自由度较高的情况下进行规划，同时在满足机器人约束方向上效果也不理想。

第二，动态窗口法（DWA）。DWA 于 1997 年首次由福克斯（Fox）和伯格德（Burgard）等人提出，并利用机器人进行了实验。该方法的主要思想：在速度（v, w）空间取多组不同的速度，一定时间内，预测在选取速度下的路径。在得到多组轨迹后，根据设定的评价标准，对这些轨迹进行评价。最终，选取最优轨迹对应速度，驱动左右车轮的运动。这种方法更符合机器人运动速度连续性特点，是常用避障方法之一。

与其他避碰方法不同，动态窗口法是直接由机器人动力学推导而来的，是针对移动机器人的碰撞/避碰问题而设计的。它由两个主要部分组成，第一部分生成有效的搜索空间，第二部分在搜索空间中选择最优解。搜索空间仅限于在短时间间隔内可以到达的安全圆形区域，并且没有碰撞。优化的目标是选择一个方向和速度，使机器人到达目标，并且与任何障碍物保持最大间隙。

3. 智能定位与智能导航技术的应用

智能机器人的定位技术使得机器人能够感知自身在环境中的位姿，该技术通过多种传感器的共同作用，对机器人进行定位。

第一，RTK 定位技术已经成功运用于大疆工业级无人机 M210-RTK 中，该无人机是通过无线电遥控设备或机载计算机程控系统进行操控的不载人飞行器。M210-RTK 无人机结构简单、使用成本低，不但能完成有人驾驶飞机执行的任务，更适用于有人飞机不宜执行的任务，在突发事情的应急和预警方面发挥很大的作用。

第二，UWB 定位技术、WiFi 定位技术联合视觉里程计技术被更多地运用于 AGV 搬运机器人上，这些技术通常能辅助机器人在一定范围内的定位。

第三，激光雷达定位技术被成功地运用于很多扫地机器人中。科沃斯扫地机器人通过激光雷达测距系统搭载 SLAM 算法，实现了"全屋巡航建图""弓字形规划清扫"的新模式。

第四，采用 RTK、激光雷达与视觉里程计等多种传感器融合的技术能够实现自主泊车工程。

智能机器人的导航技术解决了机器人到哪里去的问题。

第一，A*、Dijkstra 等算法是在静态路网中求解最短路径最有效的直接搜索方法，也是解决许多搜索问题的有效算法。算法中的距离估算值与实际值越接近，最终搜索速度越快。导航算法在常用的机器人自主导航中得到了广泛的运用，在智能机器人领域智能机器人使用了多种导航方式进行自主移动，其中就有 A*、Dijkstra 这两种经典算法。

第二，快速随机搜索树算法主要用于迷宫类环境的全局路径搜索。其中典型的机器人为"电脑鼠"机器人，美国电气与电子工程师协会（IEEE）每年都要举办一次国际性的"电脑鼠"走迷宫竞赛。在对给定环境的迷宫进行建模后，主要采用快速随机搜索树这种方法对机器人的目标进行导航。

第三，人工势场法和动态窗口法这类局部导航算法通常用于在全局路径已知的情况下对机器人进行导航。

随着应用场景的不断增多以及大众对智能机器人其他要求的不断提升，智能定位与智能导航技术的发展面临着新的挑战和任务。在智能定位领域，一些传统的计算方式逐渐被基于概率的方法所取代。同时，随着传感器性能的不断提升以及价格的不断下降，多传感器融合技术也将在智能定位领域发挥重要作用。智能导航技术也将随着相关技术的提高而能够适用于更加广泛的场合。近年来随着人工智能的发展，智能导航技术被更多地运用于无人驾驶中，而深度学习、强化学习等一些新方法的加入也将进一步提升智能导航的性能并扩大其适用范围。

（三）智能机器人路径规划技术

路径规划技术是智能机器人研究领域中的一个核心问题，也是机器人学中研究人工智能问题的一个重要方面，研究的目的是希望未来的智能机器人能具有感知、规划和控制等高层能力：它们能从周围的环境中收集信息，构建一个关于所在环境的模型，并且利用这个模型来规划和执行高层任务。

1. 路径规划的定义

著名学者蒋新松这样为路径规划定义：路径规划是智能机器人的一个重要组成部分，它的任务就是在具有障碍物的环境内按照一定的评价标准（如工作代价最小、行走路线最短、行走时间最短等），寻找一条从起始状态（包括位置和姿态）到达目标状态（包括位置和姿态）的无碰路径。障碍物在环境中的不同分布情况当然直接影响到规划的路径，而目标位置的确定则是由更高一级的任务分解模块提供的。

2. 智能路径规划的方法与技术

近年来，随着遗传算法、神经网络等智能方法的广泛应用，智能机器人路径规划方法也有了长足的进展，许多研究者把目光渐渐放到了基于智能方法的路径规划研究上，其中应用较多有模糊逻辑法、神经网络法、遗传算法和路径规划法，下面对这些方法做一些较详细的说明。

（1）模糊逻辑法

模糊逻辑法是在线规划中经常采用的一种规划方法，包括建模和局部规划。在有关的文献中提出了一种基于模糊概念的动态环境模型，把各个物体的运动状态用模糊集的概念（运动平面上的二维隶属函数）来表达，每个物体的隶属函数包含该物体当前位置、速度大小和速度方向等信息，然后通过模糊综合评价对各个方向进行综合考察得到搜索结果，但是，这种方法需要知道运动障碍物的速度大小和速度方向，这在实际应用中是很难做到的。

有的学者提出了一种在未知环境下智能机器人的模糊控制算法，这种算法把障碍物信息分成3个方向，分别是正前方、左前方和右前方，行为和推理规则的输入变量设为4个，分别为智能机器人预定的目的地方向，智能机器人前进方向的左、中、右3面的障碍物状态，而从这些条件推出模糊推理的两个输出分别为智能机器人的速度和方向控制。由于变量被模糊化后，它们的取值被表示为在一个范围内，并且这些变量是障碍物或者目标相对于智能机器人当前位置的取值，而不是在移动环境中相对于起点的绝对值，因此这种算法使智能机器人对定位精度不敏感，从而提高了路径规划算法的鲁棒性，但同时也看到，它在地图的建立、修改以及路径规划优化方面还是有一定的问题的。

（2）神经网络法

神经网络所具有的基本特点如下。

①并行处理性。神经网络采用大规模的并行处理方式，处理速度快。

②信息分布式存储。信息具有容错性和全息性。

③自适应和自组织性。

④层次性。由于神经网络一般具有多层结构，可以使功能得到极大的增强。

现在基于神经网络进行路径规划的研究越来越多，一些文献提出了一种基于神经网络的智能机器人路径规划算法，该方法研究了障碍物形状是矩形并且能用函数来描述其边界和位置已知情况下的智能机器人路径规划算法。通过计算地图中某个点是否落在障碍物矩形范围中来确定这个点是否为障碍物点，其能量函数的定义利用了神经网络结构，根据路径点位于障碍物内外的不同位置选取不同的动态运动方程，规划出的路径达到了折线形的最短无碰路径，计算简单，收敛速度快。

空间点碰撞罚函数具有如下特点：在障碍物中心处的空间点的碰撞罚函数具有最大值；随着空间点与障碍物中心距离的增大，其碰撞罚函数的值逐渐减小，且为单调连续变化；在障碍物区域外的空间点其碰撞罚函数的值近似为0。经分析可知，路径点越远离障碍物，能量函数E越小；路径的长度越短，能量函数E也越小。因此，使整个能量函数E最小，便可以使该路径尽可能地远离障碍物，不与障碍物相碰，并且使路径的长度尽量短，即得到一条最优路径。

（3）遗传算法

遗传算法是目前智能机器人路径规划研究中应用较多的一种方法，无论是单个智能机器人静态工作空间，还是多个智能机器人动态工作空间，遗传算法及其派生算法都取得了良好的路径规划结果。

在一些文献中用遗传算法完成了离散空间中智能机器人的路径规划，并且获得了较好的仿真结果。该方法采用栅格法对智能机器人工作空间进行划分，用序号标识栅格，并且以此序号作为智能机器人路径规划的参数编码，应用遗传算法对智能机器人路径规划进行研究。但是，可以看到，该路径规划是基于确定环境模型的，即工作空间中的障碍物位置是已知的、确定的。

学者水原和夫（Suihara）和约翰·史密斯（John Smith）在采用离散空间进行路径规划的同时，将问题更深入化：栅格序号采用二进制编码，统一确定其个体长度，随机产生障碍物位置及数目，并且在搜索到最优路径后，再在环境空间中随机插入障碍物，模拟环境变化。通过仿真结果验证了该算法的有效性和可行性。但是，规划空间栅格法建模还存在缺陷：若栅格划分过粗，则规划精度较低；若栅格划分太细，则数据量又会太大。

（4）动态规划法

动态规划这个概念对于路径规划方法有着很重要的指导意义。动态规划法是解决多阶段决策优化问题的一种数值方法，1951年，美国学者贝尔曼（Bellman）等人针对一类多阶段决策问题的特性，提出了解决这类问题的"最优化方法"，即动态规划算法。动态规划算法将复杂的多变量决策问题进行分段决策，从而将其转化为多个单变量的决策问题。

动态规划的基本原理可以表述如下：作为整个过程的最优决策应该具有这样的性质，即无论过去的状态或者决策如何，对于当前决策所形成的状态而言，后续的决策必定构成最优策略。

学者杰罗姆·布拉坎德（Jerome Braquand）等人以经典的动态规划方法为基础，对全局路径规划问题进行了研究。结论表明，动态规划算法非常适合于动态环境下的路径规划。如何改进动态规划的算法，以提高计算效率，是当前动态规划研究的一项重要内容。

（四）机器人智能控制技术

智能机器人作为一门新兴学科，融合了神经生理学、心理学、运筹学、控制论和计算机技术等多学科的思想和技术成果。智能控制的研究主要体现在对基于知识系统、模糊逻辑和人工神经网络的研究。智能机器人可以在非预先规定的环境中自行解决问题。智能机器人的技术关键就是自适应和自学习的能力，而模糊控制和神经网络控制的应用显示出诸多优势，具有广阔的应用前景。

1. 机器人智能控制技术的融合

第一，在模糊变结构控制（FVSC）中，许多学者把变结构框架中的每个参数或细节采用模糊系统来逼近或推理，仿真实验证明该方法比 PID 控制或滑模控制更有效。在设计常规变结构控制律时，若函数系数取较大值，系统就会产生很多的抖振，如果用引入边界层方法消除抖振，就会产生较大的误差；若函数系数取较小值，鲁棒性就会变差。

模糊系统中的输入分为两种：一种为系统的综合偏差模糊值；另一种为偏差增量模糊值。模糊系统中的输出是对上述函数中的系数进行的模糊估值。仿真结果表明抖振现象得到了抑制。还有人在初始建模阶段采取模糊系统辨识，其后在变结构控制中对动力学模型进行自适应学习，在这种控制方案中，模糊控制和变结构控制之间的界限很清晰，从仿真结果看，控制性能也较好。

第二，神经网络和变结构控制的融合一般称为 NNVSC。实现融合的途径一般是利用神经网络来近似模拟非线性系统的滑动运动，采用变结构的思想对神经网络的控制律进行增强鲁棒性的设计，这样就可避开学习达到一定的精度后的神经网络收敛速度变慢的不利影响。经过仿真实验证明该方法有很好的控制效果，但是由于变结构控制的存在，系统会出现力矩抖振现象。

有人将变结构控制和神经网络的非线性映射能力相结合，提出了一种基于神经网络的机械手自适应滑模控制器。如果考虑利用滑模控制技术，需要知道系统的不确定性的上界，但在实际应用中，许多系统的不确定性边界却难以得到。因此利用神经网络估计系统的不确定性的未知界，克服了常规滑模控制需要已知不确定性界的限制，但是由于滑模控制的存在，就有抖振现象，为了消除抖振，可用 S 型函数代替符号函数。经过仿真实验，该控制器能够有效补偿系统不确定性的影响，保证机器人系统对期望轨迹的快速跟踪。

2. 机器人智能控制技术的应用

（1）智能控制在机器人视觉方面的应用

随着社会的进步，企业仅仅依靠人力的生产已经无法满足市场的需求，且人力成本不断增高，这就会导致生产的效率低但生产的成本高、市场供不应求、企业入不敷出。经济的不断发展对自动化水平的要求越来越高，人们开始意识到自动化的重要性。目前，自动化水平已经成为衡量一个国家工业发展水平的标准。

随着科学技术不断发展，尤其是通信技术、电子计算机技术、自动化技术越来越发达，智能机器人的发展在这些技术的支持下也越来越迅速。在生产制造方面，智能机器人已经开始展现出不凡的优势：机器人可以根据计算机发出的指令和预先设计好的程序进行运作，高质量地完成工作，还可以根据情况做出相应变通。

由于智能控制理论属于控制理论的较高水平，如何将这种理论和机器人系统结合起来是当前科研人员研究的重点之一。

科研人员将傅里叶算子、四点特征、几何矩阵结合起来输入机器人的神经网络中，并通过六自由度机器人来对机器人进行全方位的检验。检验结果表明这种研发出来的机器人可以对全局做出图像分析，并且能够很好地适应生产环境，在工作的过程中操作也非常准确。

（2）智能控制在机器人运动控制方面的应用

在工业生产中有很多不同的步骤，自然也就需要不同种类的机器人来进行不同步骤的生产。由于场地的限制，工业生产不可能将所有的机器人都放到生产前线，这时就需要考虑机器人运动的问题了。现在控制机器人运动的主要方法是将集中和分布结合起来规划机器人的路径。集中规划就是为每一个机器人都设计好相应的路线，但是这种规划要保证每个机器人的运动路径上都不存在障碍。同时为了避免机器人之间的运动产生冲突，要提前给机器人设定程序、制定先后顺序或者设定不同的速度来避免干扰。

智能控制理论的创立和发展是对计算机科学、人工智能、知识工程、模式识别、系统论、信息论、控制论、模糊集合论、人工神经网络、进化论等多种前沿学科、先进技术和科学方法的高度综合集成。智能控制方法提高了机器人的速度及精度，但是智能控制方法本身也有着自身的局限性，具体包括以下几方面。

①机器人模糊控制中的规则库如果很庞大，推理过程的时间就会过长。

②如果规则库很简单，控制的精确性会受到限制。

③无论是模糊控制还是变结构控制，抖振现象都会存在，这将给控制带来严重的影响。

④神经网络的隐层数量和隐层内神经细胞数的合理确定仍是目前神经网络在控制方面所遇到的问题。

⑤神经网络易陷于局部极小值等问题。

以上这些都是机器人智能控制设计中要解决的问题。

第三节　智能机器人分类

一、按智能程度分类

智能机器人根据其智能程度的不同，可分为传感型、交互型和自主型机器人三种。

（一）传感型机器人

传感型机器人又称外部受控机器人，其本体上没有智能单元，只有执行机构和感应机构，它具有利用传感信息（包括视觉、听觉、触觉、接近觉、力觉和红外、超声及激光等）进行传感信息处理、实现控制与操作的能力。

传感型机器人受控于外部计算机，在外部计算机上具有智能处理单元，处理由受控机器人采集的各种信息以及机器人本身的各种姿态和轨迹等信息，然后发出控制指令指挥机器人的动作。目前，机器人世界杯的小型组比赛使用的机器人就属于这样的类型。

（二）交互型机器人

交互型机器人通过计算机系统与操作员或程序员进行人机对话，实现对机器人的控制与操作。虽然具有了部分处理和决策功能，能够独立地实现一些诸如轨迹规划、简单的避障等功能，但是还要受到外部的控制。

（三）自主型机器人

自主型机器人在设计制作之后，无须人的干预，就能够在各种环境下自主完成各项模拟任务。在自主型机器人的本体上具有感知、处理、决策、执行等模块，可以像一个自主的人一样独立地活动和处理问题。机器人世界杯的中型组比赛中使用的机器人就属于这一类型。

自主型机器人最重要的特点在于它的自主性和适应性。自主性是指它可以在一定的环境中,不依赖任何外部控制,完全自主地执行一定的任务;适应性是指它可以实时识别和测量周围的物体,根据环境的变化来调节自身的参数,调整动作策略以及处理紧急情况。交互性也是自主型机器人的一个重要特点。自主型机器人可以与人、与外部环境以及与其他机器人之间进行信息交流。

由于自主型机器人涉及驱动器控制、传感器数据融合、图像处理、模式识别、神经网络等许多方面的研究,能够综合反映一个国家在制造业和人工智能等方面的水平。因此,许多国家都非常重视自主型机器人的研究。

与传统机器人不同,科学家们正在开发的新一代智能机器人不再是根据特定指令完成特定动作,而是通过对周边环境的探索来获取技能。它能够学习语言、技巧和协作能力。随着不断的练习,它甚至有可能发展出更复杂的认知能力。

智能机器人的研究从20世纪60年代初开始,经过几十年的发展,目前,基于感觉控制的智能机器人已达到实际应用阶段,基于知识控制的智能机器人(又称自主型机器人或下一代机器人)也取得了较大进展,已研制出多种样机。

二、按形态分类

智能机器人按形态分为两类:功能型智能机器人和拟态智能机器人。功能型智能机器人是按照机器功能需求采用通用机器设计的思路进行形态设计的机器人。拟态智能机器人则根据自然生物的构造形态进行形态设计,以模仿自然生物的某些特殊功能,根据模仿对象的不同又可以分为拟物智能机器人和仿人智能机器人。

(一)拟物智能机器人

仿照各种各样的生物、日常使用物品、建筑物、交通工具等做出的机器人,采用非智能或智能的系统来方便人类生活。比如,机器宠物狗"爱宝"等就是拟物智能机器人。

(二)仿人智能机器人

模仿人的形态和行为而设计制造的机器人就是仿人机器人,一般分别或同时具有仿人的四肢和头部。机器人一般根据不同应用需求被设计成不同形状和功能,如步行机器人、写字机器人、奏乐机器人、玩具机器人等。仿人机器人研究集机械、电子计算机、材料、传感器、控制技术等多门科学于一体。

三、按智能水平分类

智能机器人是在传统工业机器人基础上发展起来的，现在已开始用于生产和生活的许多领域，按其拥有智能的水平可以分为初级智能机器人和高级智能机器人两类。

（一）初级智能机器人

初级智能机器人和传统的工业机器人不一样，具有像人那样的感受、识别、推理和判断能力，可以根据外界条件的变化，在一定范围内自行修改程序，也就是它能根据外界条件变化对自己做相应调整。不过，修改程序的原则由人预先规定好。这种初级智能机器人已拥有一定的智能，虽然还没有自动规划能力，但这种初级智能机器人也开始走向成熟，达到实用水平。

（二）高级智能机器人

高级智能机器人和初级智能机器人一样，具有感觉、识别、推理和判断能力，同样可以根据外界条件的变化在一定范围内自行修改程序。所不同的是，修改程序的原则不是由人规定的，而是机器人自己通过学习、总结经验来获得修改程序的原则。所以它的智能高出初级智能机器人。这种机器人已拥有一定的自动规划能力，能够自己安排自己的工作。这种机器人可以不要人的照料，能够完全独立工作，故称为"高级智能机器人"。这种机器人也开始走向实用。

四、按用途分类

智能机器人与普通机器人在用途上有许多相似之处，但因其智能性使得它能做更复杂的工作，完成更高级的任务。按照这种分类方式可以将智能机器人分为智能工业机器人、智能农业机器人、智能教育机器人、智能服务机器人等。

第六章　智能机器人的设计与开发

在设计智能机器人过程中我们应该认识到智能机器人与环境以及人之间的关系是互相影响、互相依存的，明确智能机器人设计的步骤和软硬件开发。本章分为智能机器人设计的步骤、智能机器人硬件设计与开发、智能机器人软件设计与开发三部分，主要包括核心控制系统设计、传感器模块设计、外接输入输出端口设计等方面的内容。

第一节　智能机器人设计的步骤

一、明确设计原则

根据智能机器人所处环境特点和高可靠性的要求，可以按照以下原则研究和设计智能机器人。

①对智能机器人所处的内部环境进行适当的改善，要求改造的工程量适中，这有利于机器人的运行。

②智能机器人的配件应满足高可靠性，从而确保其整机系统亦具有良好性能，因此须采用工业或军用配件。

③智能机器人应具备方便的机载设备，便于安装、卸载。

④人机交互界面应简单、易懂、可靠、操作人性化。

⑤便于更新或者维护智能机器人。

二、设计系统构架

依据智能机器人的具体工作环境以及相关操作人员规范和需求，确定智能机器人系统总体结构图。该结构图主要包括四层：接口通信层、功能服务层、应用层和移动机器人层。

（一）接口通信层

接口通信层主要功能是使移动机器人能够接收到各功能指令，是控制中心和机器人之间沟通的桥梁。其主要作用为使各功能模块把采集到的数据传输到工控机中，如检测模块拍摄的图像、当前行驶速度、电量等数据；当然，工控机亦可把程序及动作指令传输到各行为模块中。

（二）功能服务层

功能服务层，即机器人所应实现的自动检测功能，为应用层提供理论支撑，由日常巡检工作中的常规业务组成。这些常规业务主要包括地图管理、日志服务、报警事项设置、巡检数据检索、巡检任务设置与调度、巡检模式配置。

（三）应用层

应用层是机器人的大脑，根据功能服务层所应实现的巡检业务来生成应用操作，满足巡检需要。应用层主要应实现以下功能：用户报表、监测数据趋势图、巡检数据分析、巡检日志查看、巡检任务查看、智能机器人遥控操作、工作场所的电子地图显示、巡检视频显示。

（四）移动机器人层

移动机器人层是系统结构中的主干，是完成各项指令的直接参与方，该层面需要其他层面的协调控制从而完成自动巡检。当然，为了确保自动智能机器人能够在其工作环境中实现巡检功能，保障其可靠、高效、智能化，它应包含以下模块。

①系统的主控单元模块。该模块是机器人的核心部件，用来发出各项功能指令，因此应采用较可靠的工业级嵌入式控制模块。

②GPS 定向模块。该模块是确保系统能够准确实现其运行功能的关键部件。

③安全光栅防护模块。为了保证相关设备和机器人本身的安全，需增加机器人的运行检测部件，从而确保其运行在安全的工作环境以及正确的巡检轨道中。

④电源模块和电机驱动模块。一个智能机器人系统整体的运动性能，主要取决于它的电源模块和电机驱动模块。电源模块主要是为整个系统提供动力支持，电机驱动模块主要是驱动智能机器人轮子的转动，使之行进。

系统电机驱动及控制可以采用 L298N 芯片解决方案。该芯片包含 4 通道逻辑驱动电路，是一种驱动二相和四相电机的专用芯片，内部含有两个 H 桥的高电压大电流双全桥式驱动电路，接收标准 TTL 逻辑电平信号，可驱动 46V、2A 以下的电机。L298N 驱动芯片的逻辑功能如表 6-1 所示。

表 6-1　L298N 驱动芯片的逻辑功能

IN1	IN2	ENA	电机状态
X	X	0	停止
1	0	1	顺时针旋转
0	1	1	逆时针旋转
1	1	0	停止

由于这种系统中采用线圈式的直流电机，从运行状态突然切换到停止状态或者从顺时针状态突然转换到逆时针状态时会形成很大的反向电流。为了防止芯片烧毁，需在电路中加入二极管进行泄流，以起到保护芯片安全的作用。

⑤行为控制模块。智能机器人应具备一定的可靠性，保证转向方案的顺利实现。智能机器人的转向可以分为前进、后退、左前转弯、左后转弯、右前转弯、右后转弯、原地左转与原地右转几种情况。

前进：通过对智能机器人整体结构进行分析，在通常状态下，只要智能机器人的左轮和右轮同时正转，并且转速相同，智能机器人就会前进。

后退：后退动作与前进动作刚好相反，只要智能机器人的左轮和右轮同时反转，并且转速相同，智能机器人就会后退。

左前转弯：智能机器人的左轮保持不动，右轮正转，智能机器人就会向左前方转弯。

左后转弯：智能机器人的左轮保持不动，右轮反转，智能机器人就会向左后方转弯。

右前转弯：与左前转弯相反，智能机器人的右轮保持不动，左轮正转，智能机器人就会向右前方转弯。

右后转弯：与左后转弯相反，智能机器人的右轮保持不动，左轮反转，智能机器人就会向右后方转弯。

原地左转：智能机器人的左轮反转，右轮正转，并且转速相同，智能机器人就会原地左转。

原地右转：与原地左转相反，智能机器人的左轮正转，右轮反转，并且转速相同，智能机器人就会原地右转。

程序中对驱动芯片的引脚定义：sbit IN1=P0^0；sbit IN2=P0^1；sbit IN3=P0^2；sbit IN4=P0^3。

机器人转向控制真值表可以更清楚地体现对智能机器人的转向控制在程序中的实现，具体内容如表 6-2 所示。

表 6-2　机器人转向控制真值表

运动方式	IN1	IN2	IN3	IN4
前进	0	1	1	0
后退	1	0	0	1
停止	0	0	0	0
右前转弯	0	0	1	0
右后转弯	0	0	0	1
原地右转	1	0	1	0
左前转弯	0	1	0	0
左后转弯	1	0	0	0
原地左转	0	1	0	1

⑥云台控制模块。该模块用来调整采集图像的摄像头拍摄角度，从而得到系统控制需要的数据，包括可见光摄像头和红外热成像仪。

⑦其他辅助设备模块。主要包括车载传感器、红外热成像仪以及可见光摄像头等，其中车载传感器的检测数据是由嵌入式主控模块进行传输的，而红外热成像仪和摄像机的数据则是由 I/O 接口进行传输的。

三、设计关键技术实现方案

（一）轨道驱动底盘

轨道驱动底盘是机器人行走的关键部件，机器人运行在水泥地面，行走速度为 0.3～1 m/s。根据工作场所内部的环境及机器人的机动性需求，轨道驱动底盘是一种能够满足要求的配件方式，由三轮支撑。其中轨道轮为驱动轮，实现行进、停止、后退和转弯等功能；两个辅助轮为万向轮，使机器人运动更加平滑，驱动轮在轨道上与电机直连。

（二）移动定位系统

智能机器人的移动定位方式主要包括以下三种。

①电磁感应巡线。这种方式需要在工作场地的地面下埋设磁条，通过机器人自身的磁感应传感器来检测埋设的路径，使机器人可靠运行。

②激光方式。该方式为较传统的定位系统，机器人依靠自身的激光发射器和工作场地内反光标志实现定位。这种方式需要在工作场地内部设置较多的反光柱，

而如果反光标志出现问题，如缺损、被遮挡时，机器人就无法实现正确定位，可靠性即大幅降低，维护工作量很大。

③轨道方式。这种方式类似于火车轨道，通常将轨道放置在工作场地的地面上，使机器人在轨道上稳定运行。通过机器人自身的磁传感器来实现导航和定位功能，并且结合控制指令实时调整，使机器人能够高度稳定可靠地在工作场地内沿着既定路径运行。

从机器人的定位设备和导航系统中可以看出轨道上铺设有垂直于轨道的导航磁条，导航磁条将轨道划分为多条路段，每两个导航磁条之间为一工作路段，机器人在每条路段的运行信息不同。机器人通过读取各路段的编号从而提取存储在工控机中的程序。

机器人在工作时，首先从起始点位置开始运行，待检测到停止位时即制动停止，进行其他操作；操作完成后根据工控机内存储的信息开始下一路段的运行。机器人能够准确地行进与停止依靠的是前、后排磁传感器和横磁条，即当机器人巡检时，如果前排的磁传感器检测到横磁条时，工控机内的程序即会控制电机减速，直到后排的磁传感器检测到横磁条时机器人停止。当机器人停止后，即可进行检修的操作指令，待完成工作任务后，继续下一路段的工作。

通过前排磁传感器和后排磁传感器同时作用来判断机器人的行进与后退。如在机器人行进时，前排磁传感器发挥导航功能，后排磁传感器判断何时停止；而工控机用来连接前后两个磁传感器，得到机器人的移动位置后再给电机驱动器下达控制指令。

（三）自动充电及能源管理

根据机器人的可靠性要求，其必须具备一定的自动充电能力。其结构主要包括车载充电和充电装置（地面部分），可以分为以下形式。

①上置式。在机器人车体的上方安置一个用于充电的触点，当机器人需要充电时，即运行至充电室位置。此时车身触点和充电室即自动连接，进行快速充电，待机器人判断充电完成时，立即脱离充电室继续检修操作。

②侧置式。在机器人车体的左右两侧安置一个用于充电的触点，当机器人需要充电时，即运行至充电室位置。此时车身或者充电点中其中之一伸出充电装置，完成对接进行快速充电；待机器人判断充电完成时，对接装置缩回，之后机器人脱离充电室继续检修操作。

③后置式。在机器人车体的后部位置安置一个用于充电的触点，当机器人需

要充电时，即运行至充电室位置，此时车身或者充电点中其中之一伸出充电装置，完成对接进行快速充电，待机器人判断充电完成时，连接触点自动脱落，之后机器人离开充电室继续检修操作。

（四）无线通信模块

智能机器人系统的关键技术还应包括无线通信模块。无线通信模块主要负责巡检数据传输、后台监控和任务调度。但是现在机器人领域常用的无线网络是一种点到点的通信方式，容易出现通信错误，威胁智能机器人的稳定工作。根据具体的环境和工作情况，可以从以下无线通信技术中做出选择。

①基于无线网格网络（Mesh）的网络技术。它是一种新型的网络结构，高速可靠，数据传输采用多个信道和多个链路。组网方式为低成本、高带宽和易架设的结构，对数据传输的可靠性和网络系统整体带宽容量均有极大好处。无线Mesh网络和有线网络相比，最大的优势就是它将有线设备或者接线减小到最少。而与传统的交换式网络相比，它具有结构灵活、带宽高、部署安装简便、非视距传输、稳定等优点。

②WiFi全称是Wireless Fidelity，中文译为无线保真，它为嵌入式系统的通信方式带来了极大的灵活性。无线通信为监控领域、控制领域以及数据传输都带来了许多方便。WiFi和以太网均属于IEEE 802网络，共享一些核心元素，在一些不能采用有线接入或者采用有线接入成本过高的场合，无线接入网络是最佳的选择，它具有无须布线、传输速度快、覆盖范围广等优势。

由于采用不同的协议，WiFi的传输速度也有所不同。采用IEEE 802.11b协议，传输速率最高为11 Mbps；采用IEE 802.11a和IEEE 802.11g协议，传输速率最高均为54 Mbps；采用IEEE 802.11n协议，传输速率最高可达300 Mbps。WiFi通信技术现已广泛应用于我们的日常生活中，适合嵌入式无线通信系统的应用，符合个人和社会信息化的需求。

③通用分组无线业务（GPRS）是由欧洲电信标准组织（ETSI）制定的，是一个覆盖到全球移动通信系统（GSM）的无线蜂窝网络，它允许基于分组交换网络协议（IP）的终端相互之间进行数据通信。

随着近年来蜂窝网络的迅速发展，移动终端与日俱增，在21世纪早期的中国，GPRS是最受欢迎的无线接入方式。但是由于第三代移动通信（3G）以及5G网络优势的凸显，蜂窝网络能够为即时应用提供更好的服务，包括视频流的传输、在线游戏等。出于覆盖范围广和成本低的优势，在车载和无线手持设备的应用方面 GPRS 成为一种非常具有吸引力的传输方式。在美国、加拿大和欧洲，GPRS 能提供基于实时调度分组数据的业务，并且这种业务也将扩展到其他地区。

④蓝牙是一种通用的无线接口，工作在全球通用的 2.4 GHz 工业、科学和医疗频带（ISM），它能使便携式电子设备在短距离（一般在 10 m 以内）以无线的方式进行通信。不同设备之间可以通过蓝牙互相找到对方，并为对方提供服务。

蓝牙已经得到 IBM、东芝、英特尔以及其他制造商的支持，广泛应用于移动电话、调制解调器、无线耳机、个人数字助理（PDA）、个人计算机（PC）以及打印机等设备之间的通信，消除了对有线和电缆的需要，为不同设备之间的互联互通开辟了一条崭新的道路。

四、设计控制方案

结合智能机器人系统的功能，确定智能机器人移动站控制方案图，一般而言，它所能实现的功能主要包含：机器人的主控模块、机器人的驱动底盘、机器人的导航定位系统、电池的自动充电和能源管理装置以及无线网络通信模块等。

智能机器人实现上述功能所需配件主要为磁传感器、工控机、云台系统、声光报警灯、电池、交换机、电机和伺服驱动器、激光雷达、行程开关等。

第二节　智能机器人硬件设计与开发

一、核心控制系统设计

（一）微控制单元（MCU）系统设计

随着技术的发展，目前市场出现了有多种控制芯片，其中最被人广泛使用的有 ATmega128A 单片机、8 位的 51 单片机、16 位的 TI DSP 以及 32 位的 ARM 等。综合考虑后，在设计中选用 AVR 单片机 ATmega128A 作为系统主控制芯片。ATmega128A 是爱特梅尔（Atmel）公司生产的一块低功耗、高性能的 8 位单片机，被广泛应用于工业实时控制、通信设备、仪器仪表等多个领域。它采用单周期指令执行时间和先进的指令集结构，与该系列中其他单片机型号相比较具有更好的性能以及更高的数据传输速率，完全适用于智能机器人硬件控制平台的设计。

关于电路设计方面，ATmega128A 作为主控制器系统的核心，其电路主要包括时钟电路、复位电路、下载与调试接口电路，具体设计如下。

1. ATmega128A 时钟电路

该芯片时钟源可分为内部晶振时钟与外部晶振时钟,可以通过配置位于芯片内部的可编程熔丝位进行时钟源的选择。时钟信号经选择控制后输入时钟控制单元,并连接至定时器、外部输入输出接口模块、模数转换器(ADC)、FLASH 和 CPU 核心等。时钟源选择是通过熔丝位 CKSEL3 ~ CKSEL0 的配置实现的。由于本系统需要工作于高速且稳定的运行条件下,而 ATmega128A 内部时钟源精确度较低,所以采用外部接入 16 MHz 晶体振荡器的方式为系统提供时钟。需要注意 ATmega128A 芯片出厂时默认配置时钟选择熔丝位为"片内 1 MHz 的 RC 振荡源",此时需要通过软件修改相应的熔丝位 CKSEL3-CKSEL0 为 1111,否则将造成单片机芯片的"死锁"从而导致程序无法正常下载。

2. ATmega128A 复位电路

当 ATmega128A 接收到复位信号时,芯片会将所有内部寄存器重置为初始状态,程序根据复位向量的设置进行跳转。在具体设计中采用了外部复位信号用来控制 ATmega128A 单片机的复位功能,当复位按键被按下时,RESET 引脚电平被拉低,芯片复位机制被触发,在此注意复位信号低电平保持时间应大于最小脉冲宽度,并且当外部信号电压等于复位门限电压时,会产生一段延时,直至延时结束 MCU 重新启动。

3. ATmega128A 下载与调试接口电路

ATmega128A 芯片内部集成硬件调试联合测试工作组接口(JTAG),该接口与 IEEE 1149.1 标准兼容。采用四个控制引脚作为测试访问端口(TAP),为开发阶段程序的在线仿真提供支持。电路设计应遵循外接仿真器接口规范。接口上 4 个测试访问端口引脚 TMS、TCK、TDI 和 TDO 分别连接至单片机相应引脚,另外接口中还包括 RST 和 VCC 分别与单片机复位和电源引脚相连接。

但是测试访问引脚的使用存在一定限制,测试引脚功能占用了 F 端口的四根引脚线,该引脚在熔丝位 JTAGEN 没有配置的情况下,无法使用 JTAG 功能。但是一旦配置熔丝位 JTAGEN,该部分引脚将无法作为普通引脚使用。所以为解决在线仿真接口和通用输入输出引脚之间的矛盾,设计中还加入了系统内可编程(ISP)接口。ISP 技术即系统内可编程技术,该技术支持电路板上的器件可以直接编程写入最终用户代码及熔丝位配置,而不需要从电路板取下器件。ISP 接口引脚 1、3、4 分别与 ATmega128A 的 PE0(RXD0)、PE1(TXD0)、PB0(SCK)连接,RESET 与 VCC 分别连接至复位引脚与 5V 电源。

在硬件系统设计中同时使用了JTAG接口和ISP接口，JTAG主要用于程序开发阶段的调试，在前期开发结束后，JTAG接口功能将被禁用，同时用ISP接口将程序烧写进MCU内部存储区中。ISP接口仅用于系统引导程序的烧写，在引导程序下载后，后续用户应用程序的更新都由系统引导程序控制完成。

（二）现场可编程逻辑门阵列系统设计

现场可编程逻辑门阵列（FPGA）作为可编程逻辑器件提供了四种可编程资源：芯片中央可编程功能单元、丰富的可编程I/O引脚资源、可编程布线资源以及片内存储随机存储器（RAM），其中丰富的可编程I/O引脚资源与可编程布线资源满足智能机器人硬件系统的功能设计需求。虽然复杂可编程逻辑器件（CPLD）和FPGA具有很多共同点，但考虑到本系统具体应用需求，FPGA更适合智能机器人的设计与开发。

采用FPGA作为资源重构部分的控制器，芯片型号选择为Cyclone系列EP1C3T100C8，该芯片作为阿尔特拉（ATLERA）公司中等规模产品，是一种低成本FPGA芯片，同时丰富的I/O资源完全满足系统要求。其系统电路主要包括晶振时钟、串行配置器电路以及下载与调试接口。

1. 晶振时钟电路

这部分系统时钟采用48 MHz有源晶振，自带电压，不用外加电容。相比于无源晶振需要外加电源以及匹配电容，有源晶振输出信号更强且工作更加稳定，更适合在FPGA等场合使用。

2. 串行配置器电路

EPCS16是可编程逻辑工业领域中最低成本的配置器件，属于阿尔特拉公司的串行配置器系列。由于大部分FPGA芯片都基于SRAM编程，导致每次系统掉电后静态随机存储器（SRAM）中的数据信息都会丢失，所以为了保证系统的正常工作，每次上电时FPGA芯片都需要从外部存储器件中提取配置数据并写入SRAM，而串行配置器就是存储FPGA配置信息的外部存储器件。在设计中适合采取主动串行FPGA配置方法，串行配置器用于存储FPGA的配置信息，上电后FPGA自动加载数据重新配置。所以在系统中对FPGA程序进行更新的过程即对串行配置芯片进行数据写入的过程。

硬件系统中所有FPGA程序的更新均由ATmega128A控制完成，其中FPGA的nCE、nCONFIG引脚与ATmega128A的PD6、PD7引脚连接，用于控制

FPGA 芯片的程序加载。串行配置器的通信引脚分别与 ATmega128A 的 SPI 功能引脚 PB0～PB3 连接，用于配置信息的写入。芯片信息主要包含四个引脚 DATA、ASDI、nCS、DCLK。

3. 下载与调试接口

与 MCU 系统设计一样，预留了下载与调试接口供开发阶段的使用。在硬件设计中预留了两种接口：联合测试工作组（JTAG）接口和主动串行（AS）下载接口。

JTAG 是一种行业中普遍应用的芯片测试标准接口。阿尔特拉公司的 FPGA 基本上都支持 JTAG 命令下载 FPGA 程序，而且 JTAG 配置方法具有比其他任何方法都高的优先级数。其中 JTAG 接口有四个信号引脚是必不可少的。该接口专门为 JTAG 下载电缆预留，方便开发阶段的调试。

AS 下载接口是主动串行下载方式的预留接口，在开发与调试阶段作为 FPGA 控制器的下载接口，在系统开发后期该接口仅作为备用接口，此时 FPGA 配置程序的更新均由 ATmega128A 控制完成。

二、传感器模块设计

（一）人体感应传感器模块

正常人身体的温度一般都在 37℃左右，会辐射出波长 10 μm 左右的红外线，人体感应传感器就是通过检测人体辐射的红外线而进行工作的。人体辐射的红外线经菲涅尔滤光片增强后，聚集到红外感应元件上，抑制周围环境对传感器造成的干扰。采用热释电作为感应元件，人体辐射的红外线聚集在感应元件上，就会使感应元件上的电荷失去平衡，向外释放电荷，经后续电路检测处理后，便发出报警信号。

人体感应传感器的反应灵敏程度，取决于红外线的辐射方向，它对于径向（半径反向）辐射反应不灵敏，而对于切向（半径的垂直方向）辐射反应灵敏。所以，人体感应传感器的安装位置极其重要，正确的安装位置能够防止人体感应传感器误报、保证最好的灵敏度。

（二）温湿度传感器模块

智能机器人硬件设计可以采用 DHT11 数字温湿度传感器，它包含一个负温度系数（NTC）测温元件和一个电阻式感湿元件，具有响应速度快、抗干扰能力强、性价比高，并能保证长期稳定的工作状态等优点。

传感器模块的 DATA 数据端，用于向微处理器传输采集的数据，一串完整的数据分为整数部分和小数部分，分别为 8 bit 湿度整数数据 +8 bit 湿度小数数据 +8bit 温度整数数据 +8bit 温度小数数据 +8 bit 校验和，高位先出。8 bit 校验和是用来验证整串数据的正确性的，若等式"8 bit 校验和 =8 bit 湿度整数数据 +8 bit 湿度小数数据 +8 bit 温度整数数据 +8 bit 温度小数数据"成立，则说明此串数据采集正确。

三、外接输入输出端口设计

智能机器人硬件系统要实现快速简单装配并且灵活组合各种模块，就必须要求外接端口具有标准化和多样化的特点。根据这个要求系统硬件设计中外接输入输出端口应统一使用 RJ11 的六线通用接口。系统总共有 10 个外接端口，根据端口的类型将其分为两大类：专用端口与可重构端口。

（一）专用端口设计

专用端口包含一系列常见的通信协议端口、电机/舵机驱动端口以及模拟（AD）采集端口。各端口具体连接情况如下。

① SPI 端口。该端口连接至多路开关选择芯片。编程使用时，由 ATmega128A 控制路径选择，将该端口连接至 PB0～PB3 的 SPI 功能引脚。

②集成电路总线（IIC）端口。该端口引脚 5 与 FPGA 连接，其余引脚分别与 ATmega128A 的 PD4、PD5 以及 PD1（SDA）连接。在默认模式下，引脚 5 与 PD0（SCL）引脚对应，该端口作为 IIC 端口使用。

③电机/舵机端口 M1、M2。各端口中两路电机驱动信号与电机驱动芯片输出引脚连接，用于控制直流电机的速度以及正反转情况。

④ AD 采集端口 ADC1、ADC2。该端口连接至 ATmega128A 的 PF0～PF7 引脚，共提供 8 路 AD 信号采集通道，用于传感器模拟信号的采集。

（二）可重构端口设计

可重构端口作为通用接口在保证普通端口功能外还需要具有特殊功能支持。根据这一特点端口设计中包含两根固定引脚与两根可重构引脚。引脚 3、4 为固定引脚，分别与 ATmega128A 的 PA 或 PC 端口的部分引脚相连接。引脚 5、6 为可重构引脚，分别与 FPGA 控制器相连接，通过 FPGA 的程序配置，使得该部分引脚与 ATmega128A 的普通引脚、串口引脚、定时器输出引脚或外部中断引脚之间对应连接。

四、通信端口设计

（一）通用串行总线端口设计

通用串行总线（USB）用于规范外接设备与计算机间的连接与通信。作为一个标准的外部高速总线接口，USB 适用于多种设备，如 MP3 播放器、相机、高速数据采集设备等。与其他通信接口比较，USB 接口的最大特点是便于使用，系统可以在无须用户参与的情况下自动进行所有功能的配置，并且支持热插拔。但是 ATmega128A 硬件本身并不支持 USB 通信功能，需要外围电路转换。电路连接中 A_TXD0 与 A_RXD0 为多路选择开关的 Y3 通道引脚，经过路径选择后与串口引脚 PE3（TXD0）、PE2（RXD0）对应。

硬件系统采用 FT232RL 作为 USB 接口转换芯片，可以实现串行通用异步收发传输器（UART）接口与 USB 之间的转换，不需要特定的 USB 固件编程，支持串行接口 7 或 8 位数据，1 或 2 位停止位的数据传输格式。FT232RL 芯片集成时钟电路、电擦除可编程只读存储器（EEPROM）、电阻以及 AVCC 过滤，减少了外部元件的数量，256 字节接收缓冲区和 128 字节的发送缓冲区，可以实现很高的数据吞吐量，在日常系统的数据交换或程序下载中是十分重要的。

（二）无线通信端口设计

从控制系统的功耗以及尺寸的大小考虑，在硬件设计中选用深圳市安信可科技有限公司设计的 ESP8266 WiFi 模块作为无线通信模块。它使用串口通信的控制方式，减少了对引脚资源的占用，支持 AT 指令集，对后面的二次开发有着较强的优势。ESP8266 的特点为片内集成度高，因此仅需极少的外部电路即可使用。该模块 UTXD、URXD 接口与 FPGA 控制器相连接，默认模式下 FPGA 将 ATmega128A 的串口 0 引脚分配至该模块。

ESP8266 支持 AP、STATION、AP+STATION 三种工作模式，并且内部固件集成了 AT 指令集，具有诸多丰富的指令，便于后期模块函数设计时功能的二次开发，从而实现控制器与计算机或移动设备间的无线通信功能。

五、供电系统设计

硬件控制平台采用的供电方式为内部供电，选用 7.4 V 锂电池，其容量大、驱动能力强。全面考虑系统电压情况发现，在系统使用过程中有 5 V、3.3 V、1.5 V 三种工作电压，其中 5 V 作为系统主要工作电压，3.3 V 和 1.5 V 分别为部分器件所需电压。

关于系统电源电路，开关按下时，电池接口提供 7.4 V 电源，采用 AMSI117-5.0 将电压转换为 5 V，然后分别使用 AMS1117-3.0 和 AMS1117-1.5 再将 5 V 转换为 3.3 V 和 1.5 V，并为锂电池配有一个 DC2.0 规范的充电接口，其电路的特点是当充电头插入时，电池的负极会与电路板的地线断开，停止对系统供电，提高了充电时的安全性。

AMS1117 系列芯片输出电流可达 800 mA，其电压的输出精度为 ±1%，而且自身带有电流限定及热保护功能，普遍应用于移动电话、充电器及便携式设备中。使用时 AMS1117 芯片输出端需要接入容量至少为 10 μF 的钽电容，以此来改善其瞬态响应和稳定性。

六、其他电路设计

（一）电机驱动模块设计

1. 电机选型

在选择电机型号时，应考虑到电机应用场合需要的精度、功率等。一般情况下，在选取电机时的流程如下。首先，根据机器人的运动条件，如行进时的最大速度、匀速前进时的速度、启动加速度、摩擦系数和最大爬行坡度等，计算出机器人所需电机的转矩和功率；其次，确定型号后应再次验证运动参数是否满足条件。参数计算过程如下。

（1）电机功率大小计算

在设计智能机器人时，可以采用两个同型号的无刷直流电机。因此各直流电机的额定功率应大于工作要求的功率的一半。

选取实际需要的电机功率大小须得到机器人输出的功率和传输效率等相关数据，机器人的输出功率、输入功率可由式 6-1 得到。

$$P_d = P_w / X \qquad (6\text{-}1)$$

式中，X 为电机发出功率传递至底盘驱动装置的效率；P_d 为机器人的输出功率；P_w 为机器人的输入功率。

（2）电机转矩分析

确定电机型号的另一个重要参数是电机转矩，考虑到电机的工作性能、效率和安全性等问题，额定扭矩约为负载扭矩的 1.6 倍，必须对电机转矩大小进行定量分析，以确保机器人能够长时间的可靠运行。电机的转矩与转速和功率三者之间的关系为

$$T = \frac{9550P}{n_m} \qquad (6\text{-}2)$$

式中，P 为电机的输出功率，T 为电机工作时的转矩，n_m 为电机的转速，单位取 r/min。电机的转速公式为

$$n_m = n_p i \qquad (6\text{-}3)$$

其中，n_p 为电机的实际转速，与机器人驱动轮转速相等；i 为减速箱的减速比，是固定值。机器人驱动轮的转速可由行驶速度 V 和驱动轮直径 D 计算求得

$$n_p = \frac{V}{\pi D} \qquad (6\text{-}4)$$

2. 伺服驱动控制器选型

如果电机相当于机器人的四肢，那么伺服驱动控制器就是机器人的大脑，是最关键的部件，驱动控制器是否可靠直接决定整机系统，所以设计的机器人可以选用军工级的伺服驱动控制器。该控制器有出色的伺服性能、高级的线性及非线性控制方案、极快的采样时间、能实现高精度龙门控制、支持任何反馈全闭环控制，性能优良，是国内目前的电机驱动控制器中综合性价比较高的。

伺服驱动控制器的额定工作电压为 7.5～48 V，额定工作电流为 5A，最大峰值电流为 80 A。本驱动器只用到标准数据帧，其功能是用于向接收节点传送数据，数据帧由七个不同的位场组成：第一位场为帧起始，作为数据帧的开始标志；第二位场为仲裁场，表示该数据的优先级的帧；第三位场为控制场，说明数据的字节数以及保留位的场；第四位场为数据场，内含数据的内容，最大长度为 8 字节；第五位场为循环冗余校验（CRC）场，检查帧的传输错误的场；第六位场为应答场，用来确认是否正常接收；第七位场为结束帧，判断数据帧结束。

（二）蜂鸣器设计

常见的发声器件有喇叭与蜂鸣器，但是喇叭需要较大的功率驱动，所以为了简化设计和降低功耗并且为了产生不同频率的声音效果，在设计中选用压电式蜂鸣器，它可以根据外部振荡信号频率的改变而发出不同音调。

蜂鸣器一端接入 5 V 电压，另一端由 ATmega128A 的 PB4 引脚通过三极管控制，该引脚为定时器输出引脚，可以产生不同频率的震荡信号。

（三）状态指示灯设计

状态指示灯为硬件控制系统的运行状态提供实时的显示，作为判断硬件系统工作状态最直接的方式，包括电源状态指示灯 LED1、USB 通信状态指示灯 LED2 和 LED3。

各指示灯具体连接与功能如下。

①电源指示灯 LED1：通过串联 10 kΩ 电阻并接入 5 V 电源与地之间，点亮则表示系统电源工作正常。

②USB 通信状态指示灯 LED2、LED3：通过上拉电阻接入 5 V，另一端分别接入 FT232 转换芯片的 TXLED# 与 RXLED# 引脚，闪烁则表示有数据传输，用于显示 USB 接口通信状态。

七、人机交互模块设计

（一）按键电路设计

键盘是系统中不可或缺的交互设备。在各类键盘设计中，独立式键盘电路简单，并且软件设计方便，硬件设计可采用该类型的键盘结构。系统具有五个独立按键，分别与单片机 PG0～PG4 引脚相连接，通过上拉电阻将引脚电平置高，当按键按下时，端口电平拉低。

（二）液晶显示电路设计

液晶屏的选择应考虑功耗，显示内容丰富性、稳定性及控制方式。相比于传统液晶显示屏（LCD）而言，Usart-GPU 串口液晶显示屏价格低廉、功能强大、具有良好的显示效果，在单片机开发中具有广泛的应用基础。考虑到 Usart-GPU 窜口液晶显示屏充足的内存空间，自带 128 页面信息存储、中文字库信息、图片加载以及丰富的官方控制函数等特点，为下位机软件代码的二次封装与开发提供了便利。

同时，Usart-GPU 串口液晶显示屏的优势在于仅用两根串口数据线就可以完成绘制图形、菜单编辑、页面刷新等复杂的功能，并且具有良好的可靠性以及实时性。Usart-GPU 窜口液晶显示屏接口电路与 USB 接口类似，其中 A_TXD1 与 A_RXD1 与多路开关 Y3 通道引脚连接，它的使用由 ATmega128A 串口 1 引脚 PD3（TXD1）、PD2（RXD1）控制。

第三节　智能机器人软件设计与开发

一、规划单元的设计

规划器是机器人内部用于处理机器人感知、反应、逻辑的核心，规划单元处于信息流的中枢地位，它的任务是根据内部环境模型和历史记忆做出动作和行为规划。机器人的规划分为两大门类任务（运动与语言应答）提供支持。

与自动化的理念不同，机器人并非从一开始就默认执行一项任务的，而是需要根据不同的环境输入采取不同的应答措施，以下介绍不同任务的触发机制。

（一）信号直接触发机制

对于一些简单的任务，如紧急避障、用户强制命令停下、人－机问候应答，不论在用户体验还是程序执行过程上，都是立即响应和很快结束的。就如同伪代码所描述的问候－应答过程一样，这一类任务的内部实现是反应式的消息－响应机制。

（二）目标导向的任务触发

机器人内建了一组通过机器人自行规划可达成的目标，也称为特定问题求解，这类任务的求解过程基于分级范式的行为。这些任务是基本任务中的几种，包括前往＜某地＞、跟随＜某人＞、告诉＜某人，某事＞等。

（三）学习命令触发

建立机器人任务学习机制有以下两个目的。

①在机器人行为编程内部，提高编程柔性，赋予机器人任务生成和执行的"软编码"能力。

②在用户体验方面，增强人机互动的活性，赋予用户扩展机器人任务执行能力的机会，即便用户不了解如何对机器人进行编程，也可以通过口头或动作示教对机器人进行间接的编程。

任务学习建立在机器人能够理解用户意图和具有基本任务执行能力的基础上。举例来讲，模仿学习任务中的输入，即语音指令与视觉传感器所捕获的信息必须通过机器人的认知环节，准确地说，就是将传感器的输入转化为机器人内部符号，该过程由语义理解环节完成。

在理解用户意图的基础上，机器人从动作/任务仓库内选择对应的动作/任务，作为最终任务中的一个动作子任务组件。在完整的单个任务学习的过程中，共有四项功能单元（传感器监视、语义理解、动作/任务选择、任务装配）并发执行，彼此以上游输出作为输入，将自身的输出传递给下游。

（四）语义理解与语音应答机制

语音应答是根据一组预置的人机对话规则，对用户输入的语音和其他环境状态，给出对应的机器人语音反馈。人机对话规则在具体实现上是一组映射表形式的数据结构。这种从输入到应答的直接通路实质上是机器人的反应式行为。但是相较通常所说的反应式行为稍显复杂，语音应答的直接输入是经过感知单元和环境模型的预处理所形成的直接触发消息，而且语音单元接受来自各种不同传感器、执行器、机器人内部逻辑单元的请求消息。在收到来自各单元的语音输出请求之后，语音单元通过文本—语言转换（TTS）过程直接向外界输出语音信号。

二、感知的实现

智能机器人的设计应着重于机器人本身的行为方式，因此在机器人环境相互独立的框架下，应塑造机器人的感知功能，环境对象、机器人的感知基元、机器人内在世界模型（一级）应相互分立，以方便机器人程序的模块化设计。感知器承担的识别任务包括以下几方面。

①人脸识别，自然语音，人体探测。
②内部建筑对象。
③外部环境对象。

从传感器读入的原生信息是无法被机器人规划器和执行单元直接采用的，感知单元必须将各传感器信息翻译为对应的符号信息或事件信息。从传感器到具体感知对象的转换过程其实是一个面向任务的作业流程，该过程只作为机器人感知－内部环境模型的设计指导，真正提供给规划器的世界模型需按照约定的谓词描述方式编写。

为满足机器人内部组件之间的低耦合性与信息流柔性的需要，原则上本机器人的客户端控制程序为每一个传感器分配一个线程。但是如果单个传感器输入的原生信息包含较多对象，那么针对立体相机应当设计一个相机数据读取线程和三个目标对象分析线程：固定对象线程、行人分析线程、车辆分析线程。

三、执行单元的设计

智能机器人的语音输出和行走机构是一组相对独立的任务执行模块，由于两者的设计目标只是执行从上游程序单元产生的任务或信号，它们的程序执行流程相对简单，并没有感知认知过程和规划过程那么多中断。

语音输出的实质是从文字到声音的语音合成过程，PC 级和嵌入式设备可以采用的 TTS 方案有微软的 Speech SDK、eSpeak，中科大讯飞 InterPhonic 等。

在 Player 框架下，复杂的机器人运动控制过程在客户控制程序中抽象为一组基本运动函数。复杂行走路线的执行依靠基本运动的排列组合来完成。

行走单元从上游程序接收到的是一系列行走任务，一个完整的任务由一组基本动作组成，一次任务执行过程就是将该组基本动作依次解释并执行，直到任务终止。行走任务执行流程中主要包含两个回路：一个是动作执行回路，另一个是 Player 读写周期。每一个动作执行回路使机器人运动到当前动作规定的目标节点，在此过程中程序每一个 Player 读写周期更新一次当前定位信息，如果当前位置不在目标节点表示的位置上，则保持当前运动状态，否则进入下一个动作循环。

第七章　智能机器人产业发展与应用

随着工业信息化的不断融合，以机器人科技为代表的智能产业蓬勃兴起，大力发展智能机器人产业符合我国目前对产业转型升级及两化（信息化和工业化）融合的强烈需求。本章分为智能机器人产业发展现状、智能机器人产业发展前景、智能机器人产业应用方向三部分，主要包括全球智能机器人产业发展现状、我国智能机器人产业发展现状等方面的内容。

第一节　智能机器人产业发展现状

一、全球智能机器人产业发展现状

经过数十年的发展，智能机器人的科技含量逐步提高，产品升级速度日益加快。第一代机器人是直角机械手，第二代是增加了运动关节的工业机器人，20世纪90年代出现的服务机器人是第三代产品。

前两代机器人主要应用在生产制造业，第三代机器人则出现在了人们的生活起居和特种作业任务中。区分他们的最大依据是智能化程度，从低到高依次是直角机械手、工业机器人、服务机器人。

全球机器人市场规模快速扩大，2010—2014年，全球机器人销量年均增速超过17％，智能机器人发展迅速且应用范围日趋广泛，以手术机器人为代表的医疗康复机器人形成了较大的产业规模，而空间机器人、反恐防暴机器人等特种作业机器人应用成果也很显著。

此外，根据国际机器人联合会（IFR）统计数据，2013年以来，全球在运行的工业机器人数量持续提升。

二、我国智能机器人产业发展现状

（一）我国智能机器人产业发展现状

随着包括核心零部件、集成应用程序和个体应用程序等机器人技术的不断发展，机器人行业在2015年逐渐涉足不同的行业和市场，进而为相关的机器人企业和周边零部件加工生产、软件开发和研发等行业的企业带来了显著的收入增长。但是，受限于相关技术核心、专利、发明仍然把握在外国巨头企业手中，导致我国的机器人技术瓶颈难以在短期内取得巨大突破，突破技术壁垒的限制，导致机器人市场的利润依然流向这些企业；加之国内企业的相互竞争，又进一步导致了机器人市场的利润下滑，各企业之间仍然以比较粗暴的价格战方式互相竞争，缺乏技术开发性竞争。总之，发展必然是曲折而漫长的过程，盲目性的价格竞争也使得不少一般性小企业跌出机器人市场。

在"机器换人"的大浪潮推动下，我国的机器人市场在过去若干年中取得了长足的进步和迅猛的发展。

随着机器人研究领域从汽车、电子制造、自动化控制等制造行业逐步扩张到食品、医疗、卫生、服务、家电和国防等行业，相关的机器人应用领域也越来越广泛。进入21世纪之后，我国的教育水平的提高，以及人们的基本素质的提升等因素使得劳动力成本不断增长，加上人们对生活水平的需求也不断提升，使得各行业的机器人需求不断增大，进一步促进了机器人行业向研发性企业转向。另外，针对我国老龄化、人们的日常生活需求、制造业的相关需求、国防军备的智能化升级需求等新型的机器人功能性需求的增长，对机器人的相关技术研发提出了新需求。

机器人产业研究专家罗百辉表示，我国机器人产业已取得了一定程度的进步，在机器人整机设计与制造方面积累了一定经验，形成了一支较为庞大的基础研发队伍。

随着中国经济继续稳步发展，产业结构不断升级，自动化水平不断提高，必将带动工业机器人需求的高速增长。同时，人工成本逐步上升，工业机器人综合使用成本逐渐降低，利用高精度、高效率、快速设置、能够连续性工作的机器人取代粗精度、低效率、需要长期培养的人工生产成为企业提高自身生产效率，降低生产成本的必然趋势。国内外的工业机器人在我国机器人市场展开的良性竞争，能够在一定程度上提升各公司的研发能力和产品性能。

中国经济自改革开放以来，借助人口优势和自然资源的消耗，取得了翻天覆地的变化，但早期的发展模式是粗放型的，对环境和自然的破坏极大，能源成本转化率十分低下，工人的生活水平和福利待遇也十分的低下，是一种非可持续发展的发展模式。随着需求与产能过剩、劳动力成本提升、低价竞争优势不在、自然资源消耗和环境破坏，原有的粗放型经济与产业活力不再，大量的工厂特别是对自然资源依赖特别大的石油和矿业开始出现疲软和下滑。只有通过加强科技创新、探索新型经济与产业，开发出一条适合21世纪发展、具备国内和国际竞争力的新经济模式势在必行。

随着工业4.0这一概念的提出和《中国制造2025》的推出，中国的经济与产业正式开始向着精细化发展方式转变。新的需求、新的产品、更高的产业附加值将会被挖掘、开发及创造。同时，在"大众创新、万众创业"的引领下，创客、商对客电子商务模式（B2C）等创新模式将会为新兴经济与产业的开创奠定基础，为各行业带来中国自己的核心创新技术和专利，为将来中国经济转型做铺垫。

在需求领域方面，重工业行业依旧是机器人的首要应用市场。尽管2013年北美汽车行业对机器人的市场需求力度有所减弱，但非汽车行业对机器人的需求量却上升22个百分点，也表明机器人技术开始在其他行业崭露头角，服务不同方面的需求。

在《中国制造2025》的直接驱动下，以智能工厂、智能生产、智能物流为主旋律的工业4.0理念将逐步深入国内的大中小企业中，届时新兴的集约型现代工厂、现代智造、现代物流将对机器人产品形成巨大的需求市场。同时，随着现代医疗、健康、娱乐等服务业的发展和国防、民生的刚性需求，人们新兴的生活方式将会延伸出无数的服务机器人需求市场来。届时，机器人行业的市场产值将逐年上升，对机器人开发、设计、生产等相关公司提出了巨大的需求挑战。

与此同时，我国智能机器人产业也得到平稳的发展且未来需求潜力巨大。近年来，智能机器人发展速度较快，服务机器人的发展相对弱势，但家务辅助机器人每年还是以超过10%的增长速度出现在我们生活中。据保守估计，服务机器人的市场规模将超千亿元。随着云机器人技术获得重大突破，小型智能家庭用辅助机器人的生产成本将大幅度降低，将形成一个新兴市场。

（二）我国智能机器人产业存在的问题

我国机器人产业发展潜力巨大，但也面临着巨大挑战，存在的问题主要有以下几方面。

1. 自主创新能力缺乏

缺乏核心及关键技术的原创性成果和创新理念、缺乏面向企业及市场需求的产品等问题依然突出。一方面，工业机器人的高可靠性基础功能部件、产品设计、材料与工艺、主机批量生产、系统集成水平等与发达国家存在较大差距；另一方面，国产的精密减速器、伺服电动机、伺服驱动器、控制器等高可靠性基础功能部件与发达国家相比技术差距尤为突出，长期依赖进口。

2. 产品以中低端为主

国产工业机器人以中低端产品为主，主要是搬运和上下料机器人，大多为三轴和四轴机器人，而应用于汽车制造、焊接等高端行业领域的六轴或以上的高端工业机器人市场主要被日本和欧美企业占据。

3. 自主品牌认可度不高

我国机器人市场由外企主导，自主品牌亟须发展壮大。由于用户企业特别是使用量最大、对设备品质要求最高的汽车和电子工业已经习惯使用国外品牌，导致自主品牌的本体和零部件产品不能尽快投入市场，甚至有成功应用经验的产品也难以实现推广应用。此外，我国工业机器人的生产企业规模普遍偏小，国内九成的机器人企业规模在一亿元以下。

4. 产学研脱节现象较为严重

我国智能机器人的研究主要集中在高校和少数研究所，企业新型产品设计制造的创新能力有限，产学研脱节现象较为严重。企业基本上没有参与机器人的研究，也缺少与相关的高校和研究所合作的意向。研究长期以来依靠国家专项基金的支持，一些重大科技专项课题成果均出自高校和研究所，但科研机构往往提供的是机器人的样品，而不是产业化的商品，这导致其研究对市场的关注度不够。

5. 缺少高端智能机器人人才

机器人产业现在面临的难题主要是高端的理论体系人才稀缺。我国的技术人才很多，但是我国非常缺乏高端的理论性智能机器人人才，中国机器人需要"灵魂"。不过令人欣慰的是，我国对机器人怀有浓厚兴趣的青少年越来越多，未来机器人产业要想发展，对青少年人才的培养至关重要。

6. 创新体系建设尚处于起步阶段

我国智能机器人在战略规划、研发平台、人才培养、标准制定、市场培育、国际合作、财税金融政策扶持等创新体系建设的许多环节上明显滞后，目前尚处于起步阶段。

第二节 智能机器人产业发展前景

一、全球智能机器人产业发展前景

自动化和智能化是人类社会的最终发展方向，机器人研发、制造和应用将成为衡量国家科技创新和高端制造业水平的重要标志，更是国家科技发展的战略需求。对作业能力、人机交互、安全性等诸多方面的提升和改进是智能机器人的下一步发展方向。虽然我国在智能机器人核心技术方面还存在较大瓶颈，但我国也具备一些天然优势，因此，应在产业浪潮的黄金时期加速发展，实现反超。

智能制造和智慧工厂是工业 4.0 的主题，而构建信息物理系统是其核心，通过物联网和互联网实现物与物、机器与机器、机器与人的数据信息交流、交互。通俗来讲，就是将设备、生产线、产品、工厂、供应商、客户紧密地连接在一起，建立智能工厂，从而实现智能生产。不久的将来，无数的机器、工厂车间与人之间将会用一张大网联结起来，再通过大数据技术进行分析，能在较大程度上减少制造环节的损耗。全球智能制造将在工业 4.0 时期实现升级，从而实现众多行业制造模式的变革。

在机器人领域，工业机器人已经实现产业化，服务机器人尚处于产业化前期。服务机器人主要包括公共服务机器人和家庭服务机器人。预计公共服务机器人会率先产业化，尤其是医疗、军事、物流领域的机器人，而功能简单的家庭服务机器人也会逐步产业化。可以预计，在未来，技术融合以及与生活需求相关的服务机器人会逐渐形成一个比较大的市场。

机器人技术具有多学科交叉和融合等特点，涉及领域众多。同时，机器人技术是数学、力学、机构学、材料科学、自动控制、计算机、人工智能、光电、通信、传感、仿生学等多学科和技术综合的成果，是国家高技术领域综合实力的具体体现。现阶段，机器人发展还存在诸多问题，但随着其智能水平和自主作业能力的提升、人机交互能力及安全性能的提高，将解决制约"人机交互""人机合作""人机融合"的瓶颈，最终实现三维环境感知、规划和导航、类人的灵巧操作、直观的人机交互、行为安全等关键技术的突破。具体做法如下。

第一，要加强工业机器人整机设计理论与方法研究，寻求新思维，突破驱动、传动、感知与控制等核心基础部件的技术瓶颈，提升机器人操作的灵活性、在线的感知能力。

第二，要加强服务机器人的研究，提升机器人理解人的行为和抽象指令、人机沟通与协调合作能力，建立健全机器人安全机制。

第三，要开展特种机器人的研究，以针对核辐射、军事战场、自然和人为灾害等危险，完成不可达区域的任务。要解决在线实时人机交互、动态未知环境中自主作业等问题，实现机器人与人在同一环境空间的作业互助。

二、我国智能机器人产业发展前景

李克强总理在 2015 年《政府工作报告》中明确提出，实施《中国制造 2025》，坚持创新驱动、智能转型、强化基础、绿色发展，加快从制造大国转向制造强国。《中国制造 2025》的核心是促进工业化和信息化的深度融合，开发利用网络化、数字化、智能化等技术，着力在一些关键领域抢占先机、取得突破，以加快制造业转型升级。《中国制造 2025》中首次提出制订"互联网+"行动计划，首次出现"工业互联网"概念，这将有助于推动移动互联网、云计算、大数据、物联网等与现代制造业的结合。《中国制造 2025》的切入点就是抓住智能制造，抢占新一轮产业革命中的制高点。

智能制造是《中国制造 2025》的主攻方向，这是重塑中国制造竞争优势的重要工具和手段。在我国，智能制造是基于新一代信息技术的，智能制造贯穿设计、生产、管理、服务等制造活动各个环节，是具有信息深度自感知、智慧优化自决策、精准控制自执行等功能的先进制造过程、系统与模式的总称。智能制造在国际上尚无公认的定义，一般认为，智能制造包括但不限于制造业的数字化、网络化、智能化。

我国劳动力红利时代即将结束，伴随着劳动力的结构性短缺以及劳动力成本的急剧上升，很多企业面临迫切的产业转型需求，这使国内机器人产业迎来了发展的春天。自 2013 年我国成为全球最大的机器人市场后，中国连续 8 年在工业机器人的保有量上占据世界首位，并且有望保持现有状态。中国机器人密度明显低于德国、日本等发达国家，中国机器人市场的需求与供给存在庞大的缺口，可见未来市场空间巨大，这将为我国集中资源发展国产机器人产业提供强劲动力。

第三节 智能机器人产业应用方向

一、智能机器人产业应用的发展目标

要以需求为牵引，以国家安全、民生科技与技术引领等重大需求为牵引，实施智能机器人重点专项计划，开展高端仿生科技研究，引领平台前沿技术研究，攻克机器人标准化、模块化核心部件关键技术，研发公共安全机器人、医疗康复机器人以及仿人机器人等典型产品和系统，推行区域经济产业应用试点，形成国际化高水平研发人才基地，建设自主技术创新体系，培育智能机器人新兴产业。

要集中力量攻克一批关键技术，通过专项的实施，预期将突破重点技术方向的重要基础理论和核心关键技术，实现仿人高端仿生平台系统集成，引领智能机器人技术发展方向。要建立产学研用结合的智能机器人技术研发基地与孵化平台，吸引与培养国际一流水平领军人才。

二、智能机器人产业应用的发展任务

智能机器人重点专项的布局立足服务于国家安全与装备、服务于国家民生科技、服务于未来引领科技平台。科技研发方向的重点在重大前沿技术与原理创新、重大核心关键技术攻关、重大产业技术支撑方面，将重点围绕以下几方面的任务进行部署。

（一）开展前沿高技术探索研究

前沿高技术的探索研究是推动机器人技术不断向前发展的主要动力，主要包括仿生材料与结构一体化设计、执行机构与驱动器一体化设计、非结构环境下的动力学与智能控制、人类情感与运动感知理解、记忆和智能推理、多模式人机交互、多机器人协同作业、集成设计软件等。

（二）开展产业共性关键技术研究

产业化关键技术是推动智能机器人实现产业化的重要力量，主要包括产品创意与性能优化设计技术，模块化/标准化体系结构设计技术，标准化、模块化、高性能、低成本的执行机构、传感器、驱动器、控制器等核心零部件制造技术，人机共存安全技术，系统集成与应用技术，性能测试规范与维护技术等。

（三）加强关键核心技术攻关

中国的机器人产业起步较晚，机器人产业很难也不能再走以前的"市场换技术"的老路。将来应大力推动核心关键技术的攻关，加强对技术研发成果的知识产权保护工作。同时，要培育具有国际影响力的机器人骨干企业，发展一批创新能力强的中小型企业，提升国产自主品牌的国际竞争力。

（四）完善落实相关配套政策

在美国、日本等发达国家，先进的制造业都获得了政府的大力扶持，并在研发创新领域得到财政资金的倾斜。例如，日本在2006—2010年为了攻克关键的服务机器人技术每年投入1000万美元，美国政府对每个制造业创新研究项目资助7000万美元至1.2亿美元。为扶持智能制造产业的发展，我国也应从多个方面完善落实相关配套政策，如加大财政和税收方面的扶持力度，建立智能机器人研发风险准备金，激发制造业企业创新活力；加大对国产智能制造装备的政府采购力度，给予这个产业一定的保护期；在部分地区、部分行业开展智能制造试点示范工作，探索新模式、新方法，并逐步推广普及。

（五）推进在国家公共安全领域的应用

围绕国家公共安全领域的重大需求，专项重点推进以下相关机器人技术的研究开发：安全与救灾服务机器人（如面向地震、火灾、水灾等的救灾机器人，反恐排爆机器人，危险搬运与维护检修机器人等），能源维护服务机器人（如核电站监测、缺陷修复、拆装、救援等遥控机器人，电力巡线检测与检修机器人，电站安全监控机器人等），智能服务机器人（如大型高速全地域越野移动机器人平台、大型变结构海空航行器平台、核生化防护与作业机器人平台）等。

（六）推进在国家民生科技领域的应用

围绕人工器官，重点开发人工视觉、人工耳蜗、人工心脏、智能假肢等；围绕医疗康复，重点开发微创外科机器人、精密血管介入机器人、肢体康复训练系统、重大疾病预警及诊断微系统等；围绕家政服务，重点开发移动护理监控机器人、家庭生活清洁机器人、教育娱乐机器人等。

（七）推进新兴技术领域的探索

围绕高端仿生技术，重点开发仿人机器人、高负载高稳定高速机动仿生骡子、适应多环境的自变形模块化机器人等；围绕微纳系统技术，重点开发介入人体或血管的微纳米机器人、脑生肌电认知与智能假肢控制技术等；围绕模块标准化平台技术，重点研究模块标准化体系结构、开源机器人控制与软件系统、模块化互换性功能部件（传感器、驱动器、控制器等）、接口协议等。

（八）大力培育产业试点

紧密结合地方经济发展，建立以企业为主体、产学研联合的技术创新联盟，支持智能机器人区域性产业和技术的建设，加强对具有自主知识产权的民营企业的支持力度，鼓励优势企业的品牌运作和资本运作。

通过对国际先进研发技术、创意理念和运营模式的消化吸收，带动本土中小企业集群的跨越式发展，促进我国智能机器人产业的稳步增长，推进智能机器人产业快速发展。

（九）培养高素质人才

建立智能机器人领域科研人才专家库，建立健全智能机器人科技人才激励机制，优化创新人才成长环境，着力培养一批高水平科研带头人。引进高层次人才。提高从事智能机器人研究与开发领军人才引进的支持力度，引进和培养能够承担智能机器人产业发展重大项目的高层次人才和创新团队。

无论是总结中国智能机器人产业发展的存在问题，还是探讨智能机器人产业的基础建设问题，都与智能机器人产业人才培养密不可分。对此，可以从以下角度出发推进智能机器人产业人才的培养。

①全民规范各级智能机器人教育。根据市场需求，全面规范各级智能机器人产业教育，开办一定规模与比例的各类学校，包括大学、职业技术学院、职工学校等；建议教育部全面扩大"智能科学与技术"专业设置，支持办好"智能科学与技术"和"机械电子工程"等本科专业，加强本科机器人教学；在部分相关专业设立智能机器人产业研究生培养方向，加强智能机器人产业方向的研究生教育力度；在中小学开设智能机器人产业科技或科普课程，开展形式多样的智能机器人产业课外活动，培养中小学生对智能机器人的兴趣；搞好智能机器人产业师资培训，提高智能机器人产业教师水平，规范与组织编写各类智能机器人产业教材，为智能机器人产业培养提供重要保障。

②产学研结合培养高素质智能机器人产业人才。努力探索通过"产学研"结合，或"科教产"联合，或"官产学"合作，分工协作，培养各类高素质智能机器人产业人才，进行机器人品牌产品开发和市场化营销，总结经验，加以推广。

政府主管部门应当提供相关教育和其他政策支持，为人才培养保驾护航；研究所主要进行机器人产品开发与创新,让研究机器人的科技人员发挥才智;学校除参与机器人产品研发外,首要任务是提供知识资源,培养各层次的高素质智能机器人产业人才;企业要精益求精地进行机器人产品生产,让智能机器人产业科技人才和技术工人充分发挥作用。

③充分利用互联网技术优势培养智能机器人产业人才。充分利用互联网技术,为智能系统的"网络化+机器人化+智能化"提供有力的技术保障,为智能机器人产业人才培养提供有效手段。

④大力开展智能机器人产业科普活动。争取国家或企业支持,建立智能机器人产业科普基地,为普及智能机器人产业知识发挥示范作用;鼓励科技人员和各级教师进行智能机器人科普创作,支持出版智能机器人产业科普作品,广泛传播与普及智能机器人产业知识;举行全国智能机器人产业科普作品竞赛,分组评选优秀作品,给予奖励;出版智能机器人产业的发展动态、应用示例、科普知识、趣闻轶事;规范与举办各类智能机器人产业科技竞赛和夏令营、冬令营活动,培养广大群众特别是青少年对智能机器人产业的兴趣。

⑤建立智能机器人产业人才激励机制。把智能机器人产业列入国家科技、教育和综合奖励领域;鼓励从事智能机器人产业的本科生、研究生和科技工作者进行机器人科技创业,对他们的创新思想和原型成果给予创业基金支持;鼓励各类能工巧匠和大师级精英等智能机器人产业优秀人才脱颖而出。

三、智能机器人产业应用的重点方向

机器人应用与产业化正在渗透到各个行业,世界范围内的大部分智能硬件都在中国制造,由于我国人口众多,安全的吃住行玩是主要需求牵引,医疗健康与养老需求也成为迫切需求。目前,我国机器人行业的市场应用空间不断拓展,具体表现为,无论是传统的汽车行业,还是其他细分领域,甚至新兴的3C电子领域,机器人的渗透率都在增加,大众对于机器人的了解和认可也越来越深。

新战略机器人全媒体发现,技术的进步继续推动机器人产品的推陈出新,使适用特殊应用需求的技术开发、技术支持和技术保证能力得到增强,在发展过程中,重点技术和主流产品的发展也比较迅速,引领和带动了新兴市场、细分市场。

与此同时,考虑到中国目前一些过剩产业或是即将淘汰的产业,因此,下面重点围绕中国未来的需求,介绍4个方面的重点应用方向。

① 3C装配制造、物流仓储搬运、食品加工等机器人。该类机器人有望成为工业机器人新兴主力军。工业机器人是产业先驱,随着基础工业、制造工艺的进

步，以及与传感技术、智能技术、虚拟现实技术、网络技术等的深度融合，工业机器人将朝着精度、速度、效率更高，智能、灵巧作业、人际交互能力更强，以及更加标准化、模块化、系统化、开放化等方向发展。

为此，必须更加重视相关新材料、增量加工方法、智能化示教、应用设计、成套应用工艺等关键技术，不断提高操作性和可维护性，该类机器人的应用领域也将从汽车工业向电子装配制造、物流搬运与仓储、食品加工、机械加工、化工建材等渗透推广，有望成为中国工业机器人应用的主力军。

②家庭服务机器人有望走进千家万户。由于人们生活节奏的加快和劳动力的减少，小孩的看护、老人的陪护及家庭的清洁逐渐成为困扰年轻人的主要问题，由此大力发展护理及清洁机器人是未来机器人发展方向之一。

③医疗机器人服务于民生科技与健康。健康是人类永恒的主题，未来医疗机器人的发展空间巨大。

随着远程医疗、微创外科及3D打印技术在医学领域的应用，手术机器人的需求会越来越多。但由于国外企业占有的份额太高和其本身的技术壁垒，想要国产化此类机器人的道路还很漫长。

由于中国残疾人数量众多，而且专业的康复医院、康复科室、康复设备还很少，未来中国康复机器人潜在市场巨大。但由于中国特殊的群体收入特征和不完善的支付体系，消费者还无法承担很多国外昂贵的康复机器人，这就意味着未来国产康复机器人产业将大有作为。

④智能机器人技术嵌入智能交通，引领未来产业发展。智能交通、无人驾驶已经成为未来汽车发展的主流。由于其大大提高了交通系统的效率和安全性，将是未来汽车巨头们争夺的主要市场。在不久的将来，智能交通与无人驾驶必将走进人们的生活，为人们的出行提供便利。

参 考 文 献

［1］　董克，刘明．仿造人类智能：机器人与人工智能发展［M］．上海：上海交通大学出版社，2012．

［2］　王茂森，戴劲松，祁艳飞．智能机器人技术［M］．北京：国防工业出版社，2015．

［3］　刘芳栋，林伟，宋建良，等．机器人＋：正在席卷全球的机器人革命［M］．北京：中国铁道出版社，2016．

［4］　张明文．工业机器人技术基础及应用［M］．哈尔滨：哈尔滨工业大学出版社，2017．

［5］　罗霄，罗庆生．工业机器人技术基础与应用分析［M］．北京：北京理工大学出版社，2018．

［6］　王印成．我国智慧城市建设和人工智能的发展［M］．北京：经济日报出版社，2018．

［7］　沈平．机器人产业与传统制造业互动发展研究［M］．北京：人民邮电出版社，2018．

［8］　陈玉华．定制未来个性化生活：智能家居产业专利探究［M］．北京：知识产权出版社，2018．

［9］　曹祎遐，樊玥辰．智慧城市与产业创新［M］．上海：上海人民出版社，2018．

［10］　郑树泉，王倩，武智霞，等．工业智能技术与应用［M］．上海：上海科学技术出版社，2019．

［11］　梁琴琴，李秾，郑彦产，等．全球主要工业机器人企业技术创新和竞争力研究［M］．北京：科学技术文献出版社，2019．

［12］　刘杰，王涛．工业机器人应用技术基础［M］．武汉：华中科技大学出版社，2019．

［13］豆大帷. 新制造："智能+"赋能制造业转型升级［M］. 北京：中国经济出版社，2014.

［14］倪建军，史朋飞，罗成名. 人工智能与机器人［M］. 北京：科学出版社，2019.

［15］徐红丽. 机器人技术的应用与研究［M］. 镇江：江苏大学出版社，2019.

［16］戴凤智，乔栋. 工业机器人技术基础及其应用［M］. 北京：机械工业出版社，2020.

［17］赵亮. 解析工业机器人的智能化运动技术控制方式方法［J］. 工业加热，2020，49（10）：34-36.

［18］马超凡. 基于智能制造时代的工业机器人发展探讨［J］. 技术与市场，2020（9）：96-97.

［19］王晋，颜浩龙. 基于5G技术的智能制造模式研究［J］. 物流工程与管理，2020（7）：127-129.

［20］周宽忠. 工业机器人的技术发展与智能焊接应用［J］. 数字技术与应用，2020，38（6）：1-2.

［21］孙红英. 工业机器人在智能制造中的应用研究［J］. 电子测试，2020（12）：129-130.

［22］朱祖武. 我国工业机器人发展现状与面临的挑战［J］. 农家参谋，2020（15）：95.

［23］郭和伟. 工业机器人技术的发展与应用研究［J］. 造纸装备及材料，2020，49（2）：78.